NHK「あさイチ」

NHK「あさイチ」制作班

「あさイチ」の
フライパンおかずと
麺とごはん

主婦と生活社

〈はじめに〉

「毎朝、いちばん欲しい情報を！」をモットーに
朝の情報番組としておなじみの、NHK「あさイチ」。

番組内の人気料理コーナー
「みんな！ゴハンだよ」から
料理研究家に考案していただいた、
フライパンを使ったレシピ、
ご飯や麺類のレシピを厳選してご紹介します。

「今日のご飯、何にしようかな？」
「最近、おかずのレパートリーが減っちゃって……」

「いつも料理コーナーまで見ることができない」

そんな方に向けた一冊。

ぜひ、気軽に日々の暮らしにお役立てください。

もくじ

2　はじめに

第1章 フライパンを使った炒め・焼きものレシピ

豚肉のおかず

10　ジンジャーソースで！ポークソテー

11　豚バラもやし炒めの甘酢あんかけ

12　小松菜と豚肉の甘酢炒め

13　大人のお手軽しょうが焼き

14　梅チーズ豚カツ

15　豚肉の梅バター炒め

16　ねぎ肉巻き　塩味＆しょうゆ味

18　アボカドの豚巻き照り焼き

19　豚肉の利久焼き

20　新たまねぎの厚揚げ炒め／
　　ソーセージパイ〜ヤンニョムソース〜

21　ジャーマン里芋／
　　ピリ辛薬味だれで焼肉＆焼き野菜

鶏肉のおかず

22　鶏手羽先のべっこう焼き

23　里芋肉炒め　カリカリパン粉がけ

24　オーブン揚げ春巻き　鶏肉のオイスターソース炒めのせ

25　ささみのナッツ衣焼き

牛肉のおかず

26　ズッキーニの牛肉巻き

27　秋の彩り炒り煮

ひき肉のおかず

28　しいたけたっぷり！マーボー春雨

29 そら豆と豚ひき肉のザーサイ炒め

30 ハーブ入りエスニック肉だんご

31 パセリ入り豚つくね

32 丸ごとトマトの肉詰め

ラム肉のおかず

33 ラム肉とじゃがいものスパイス炒め

魚介のおかず

34 えびとなすの甘辛炒め

35 たらの肉あんかけ

36 スクランブルエッグえびチリ

37 アスパラとシーフードのレモンバター炒め

38 ねぎとさけのみそバター炒め

39 スナップえんどうと帆立てのオイスターソース炒め

40 目玉焼きタルタルソース　鮭のムニエル

41 ナッツオイルでサーモンのムニエル

42 イワシのソテー　梅ポン酢ソース／
ぶりの照り焼き

第2章
フライパンを使った
煮ものレシピ

豚肉のおかず

44 いんげん豆と豚肉の煮込み

45 大根とスペアリブのピリ辛みそ煮込み

鶏肉のおかず

46 鶏スペアリブのしょうが照り煮

47 鶏むね肉とアスパラのチリソース

48 初夏の筑前煮

49 春雨入り！ 鶏肉と大根のオイスターソース煮

50 里芋と鶏肉のピリ辛煮

ひき肉のおかず

51 丸ごと豆腐の豚そぼろ煮

52 モロッコ風ミートボールのトマト煮

53 塩マーボー豆腐

魚介のおかず

54 フライパンで絶品！ かれいの煮つけ

55 あさりと豚肉の蒸し煮

56 さばとなすのピリ辛みそ煮

57 さんまとれんこんの甘辛煮

58 韓国風チーズ餅で ロゼトッポギ

第3章

麺・ご飯のレシピ
ひと皿でしっかり満足感

ご飯

60 新れんこんの鶏そぼろ混ぜご飯

61 豚肉と白菜のあんかけチャーハン

62 豚バラ照り焼き丼

63 ねぎ塩アボカドだれの豚丼

64 さけと新じゃがのミルクゴハン

65 揚げない！ 卵とじ天丼

66 高野豆腐の和風ビビンバ

68 牛肉と豆もやしの炊き込みご飯

69 鯛茶漬け

70 ほうれんそうとベーコンの落とし卵リゾット

71 大根の和風ドリア

84 春野菜たっぷり焼きそば

83 ごちそうナポリタン

82 いわしのしょうゆ煮パスタ

麺類

81 ピリ辛薬味だれで豆もやしご飯／里芋の炊き込みご飯

80 新しょうがの炊き込みご飯／ハレの日の混ぜごはん

79 鶏肉入りサムゲタン風おかゆ／ねぎみそおにぎり

78 セロリといかの塩辛チャーハン／春野菜のかき揚げ丼

77 フライパンパエリア

76 野菜たっぷり！ 和風パエリア

75 豚肉とアスパラのスパイシーレモンライス

74 ナシゴレン

73 クリーミーチキンカレー

72 ネパールのそばがき「ディド」と豆カレー

94 料理家インデックス

93 冷やしごまみそうどん

92 しらすレモンそうめん

91 ポタージュ風 かぼちゃのほうとう

90 豚ひき肉とにらの焼きうどん

89 タイ風焼きそば パッタイ

88 モンゴルの焼うどん ツィヴァン

87 五目あんかけビーフン

86 ガパオ風冷製あえ麺

85 もやしあんかけ かた焼きそば

【レシピ表記について】

● 本誌の料理レシピに使用の1カップは200㎖、大さじ1は15㎖、小さじ1は5㎖です。

● 材料は、基本的に2人分としていますが、4人分や作りやすい量などで紹介したものもあります。

● 各レシピに出てくる調理時間や時間経過については、調理器具の大きさ、材質、火力の強さなどで変わってきます。あくまでも目安と考え、適宜、調整してください。

第1章

フライパンを使った炒め・焼きものレシピ

フライパンを使って、手軽に作ることができる「炒め」「焼き」もののおかずをご紹介。しょうが焼き、豚肉のソテー、肉詰めなど、ボリュームがあってご飯がすむ、"大満足レシピ"を集めました。

しょうがをたっぷり使ったソースと
肉のボリュームで食欲がわく

ジンジャーソースで！ポークソテー

レシピ考案・井澤由美子さん

材料（2人分）

豚肩ロース（厚切り）… 300g（2枚）

塩、こしょう … 各適量

A ┌ しょうが（すりおろす）… 大さじ1
  └ 酒 … 小さじ2

B ┌ しょうが（すりおろす）… 大さじ1
  │ みりん … 大さじ2
  └ 酒、しょうゆ … 各大さじ1

新玉ねぎ（粗みじん切り）… 50g（1/4個分）

オリーブ油 … 大さじ1

かたくり粉 … 適量

作り方

1 豚肩ロース肉を筋切りし、塩、こしょうを両面に振ったら、Aをすり込んで10分間おく。

2 ボウルにBを入れて混ぜ、新玉ねぎを加える。

3 1にかたくり粉を薄くまぶし、フライパンを中火で加熱する。オリーブ油を入れ、豚肉の両面をこんがりと焼く。

4 2を加えて汁けをとばし、皿に盛って、フライパンのソースをかける。

豚バラもやし炒めの甘酢あんかけ

レシピ考案・市瀬悦子さん

材料（2〜3人分）

豚バラ肉（薄切り）… 150g

もやし（ひげ根を除く）… 200g（1袋）

溶き卵 … 3個分

サラダ油 … 大さじ2

A
水 … 1/3カップ
チキンスープのもと（顆粒）、かたくり粉 … 各小さじ1
しょうゆ、酢、砂糖 … 各大さじ1

作り方

1 溶き卵に塩1つまみ（分量外）を混ぜる。豚バラ肉は、食べやすい大きさに切って、塩小さじ1/4（分量外）をふる。

2 フライパンにサラダ油大さじ1を中火で熱し、豚肉を入れて色が変わるまで炒める。もやしを加えて強めの中火でしんなりするまで炒めたら、塩小さじ1/4（分量外）をふってサッと炒める。

3 もやしと豚肉をフライパンの端に寄せ、空いたところにサラダ油大さじ1を加え、溶き卵を入れる。10秒間たったら、大きく混ぜて半熟状にし、もやし、豚肉と混ぜ合わせて器に盛る。

4 フライパンの汚れを紙タオルで拭き取る。Aを入れて混ぜ、中火にかける。煮立たせ、とろみがついたら**3**にかける。

リーズナブルな食材を使って
手軽に作れる、ボリュームおかず

小松菜と豚肉のうま味に
甘酢を絡めることで味の相乗効果も

小松菜と豚肉の甘酢炒め

レシピ考案・市瀬悦子さん

材料（2人分）

小松菜 … 200g（1把）

豚こま切れ肉 … 150g

A　塩 … 1つまみ
　　かたくり粉 … 大さじ1

サラダ油 … 大さじ2

B　しょうゆ、砂糖 … 各大さじ1・1/2
　　酒、酢 … 各大さじ1
　　かたくり粉 … 小さじ1/3

白ごま … 大さじ1

作り方

1　小松菜は、よく洗ってから根もとを切り落とし、5cm幅に切る。豚肉はバットなどに広げ、Aを全体にまぶす。Bは混ぜ合わせておく。

2　フライパンにサラダ油を入れて中火で熱し、豚肉を広げるように入れ、1分間ほど動かさずに焼く。肉を返して色が変わるまで炒める。

3　小松菜の軸の部分だけを加え、透きとおってくるまで炒めたら、葉の部分も加え、しんなりするまで炒める。

4　Bを加えて、照りが出るまでよく炒める。白ごまをふり、サッと炒める。

大人のお手軽しょうが焼き

レシピ考案・本田明子さん

材料（2人分）

豚肩ロース肉（薄切り）… 200g
しょうが … 30g
砂糖、みりん … 各大さじ1/2
しょうゆ、酒、サラダ油 … 各大さじ1
キャベツ（せん切り）… 150g（2枚分）
トマト（4等分のくし形に切る）… 1個分
レモン（くし形に切る）… 2切れ
レタス … 適量

作り方

1 しょうが25gはよく洗って、皮ごとすりおろす。

2 フライパンにサラダ油を熱し、豚肉を広げて入れ、中火で焼く。色が変わったら速やかに取り出す。

3 同じフライパンに、**1**、砂糖、みりん、しょうゆ、酒の順に入れ、強めの中火にかける。少しとろみがついたら、**2**を戻し、全体にからめる。

4 しょうが5gの皮をむいて、繊維に沿ってせん切りにし、サッと洗って水けをきる。ボウルに、キャベツとしょうがを入れてよく混ぜ合わせる。

5 器に**3**を盛り、**4**、トマト、レモン、レタス、すりおろしたしょうが適量（分量外）を添える。

※しょうが好きは、さらにしょうがのすり下ろしを添えて、火の通らないしょうがと一緒に楽しむのがおすすめ。

しょうがを皮ごと使ってパンチのある味と香りを堪能

梅の酸味とチーズのコク
青じそのさわやかさで、
ソースいらず！

梅チーズ豚カツ

レシピ考案・ほりえさわこさん

材料 (2人分)

梅肉 (または梅の果肉をたたいたもの)
　… 大さじ1

A｜削り節 … 3g
　｜しょうゆ … 少々

豚肩ロース肉 (薄切り) … 150g(6枚)

青じそ … 6枚

プロセスチーズ … 50g(6個)

小麦粉、牛乳 … 各大さじ2

パン粉 … 1カップ

ベビーリーフ、サラダ油 … 各適量

作り方

1　梅肉、Aをボウルに入れ、よく混ぜる。

2　豚肉を広げ、青じそ、1、チーズの順でのせる。3つに折りたたむ。

3　ボウルに小麦粉を入れ、牛乳を加えてよく混ぜる。2をくぐらせて、パン粉をしっかり全体につける。

4　フライパンにサラダ油を入れ、中火で加熱する。3を入れ、きつね色になるまで3〜4分間揚げ焼きにする。

5　器に盛りつけ、ベビーリーフを添える。

梅バターが生み出すコクと青じそでさっぱりと仕上げる

豚肉の梅バター炒め

レシピ考案・山脇りこさん

材料（2人分）

梅バター

| バター（食塩使用）… 80g
| 梅干し（塩分12〜13%）… 2個

豚肩ロース肉（しゃぶしゃぶ用）… 200g

しょうゆ … 小さじ1/4

青じそ（せん切り）… 3〜4枚

貝割れ菜、ベビーリーフ … 各適量

作り方

1 バターを常温に戻し、ボウルに入れる。種を除き、粗く刻んだ梅干しを加え、よく混ぜる。

※梅干しの塩分が高い場合はぬるま湯に2時間ほどつけ、低い場合は梅干しの量を増やして調整する。冷蔵で約3週間、冷凍で約1か月間保存が可能。

2 フライパンに豚肉を広げ入れて、中火にかける。肉が汗をかいてきたら上下を返し、8割ほど火を通す。

3 **1**の梅バター25gを加えて溶かし、肉にからめながら炒める。しょうゆを加えて、サッと混ぜたら皿に盛る。青じそを散らし、貝割れ菜やベビーリーフを添える。

ねぎ本来の味を生かした塩味と
ご飯に合うしょうゆ味でいただく

ねぎ肉巻き
塩味＆しょうゆ味

レシピ考案・Makoさん

材料（2人分）

ねぎ … 200g（1本）

豚肩ロース（薄切り）… 350g

小麦粉 … 適量

サラダ油 … 小さじ1

酒 … 小さじ1〜2

塩 … 少々

A	しょうゆ … 大さじ1弱
	砂糖 … 小さじ1
	みりん … 小さじ2

作り方

1 ねぎは白い部分と青い部分に切り分ける。青い部分は斜め切りに、白い部分は6〜8等分の約4cm長さに切り、上下に細かく切り込みを入れる。

2 ねぎの白い部分に小麦粉をまぶす。豚肩ロース肉を横に1枚、たてに1枚、ねぎにしっかりと巻く。軽く握って形を整え、全体に薄く小麦粉をまぶす。

3 フライパンにサラダ油を入れて強めの中火で加熱する。**2**を入れ、断面部分から焼く。上下を返して反対側も焼き、寝かせて全体に焼き色がつくまで7〜8分間しっかりと焼く。

4 酒を回しかける。肉巻きの半分（3〜4個）を取り出して器に盛り、塩を振る。お好みでくし形に切ったレモン（分量外）を添えても。

5 フライパンの余分な脂を紙タオルで拭き取り、ねぎの青い部分と残った肉巻きに**A**を加える。肉巻きに照りが出るまで全体を煮絡める。

マーマレードが
味付けだけでなく
見た目のおいしさも演出

アボカドの豚巻き照り焼き

レシピ考案・緑川鮎香さん

材料 (2人分)

アボカド … 1個

豚ロース薄切り肉 (しゃぶしゃぶ用) … 8枚

クリームチーズ (個包装のもの) … 30g (2個)

A | マーマレード … 大さじ2
  | 酢 … 大さじ1
  | しょうゆ、みりん … 各小さじ2

塩、こしょう … 各少々

小麦粉、ミントの葉 … 各適量

オリーブ油 … 大さじ1

作り方

1 アボカドは種と皮を取り除き、たて8等分のくし形に切る。クリームチーズは、1個をたて4等分に切る。豚肉の片面に塩、こしょうをふる。

2 アボカドのくぼみ部分にクリームチーズをのせる。塩、こしょうをふった面を内側にして豚肉を巻きつける。小麦粉を全体にまぶし、余分な粉をはたく。

3 フライパンにオリーブ油を入れ、加熱する。**2**を肉の巻き終わりを下にして入れ、中火で全体を焼く。

4 肉巻きを端に寄せて余分な油を拭き取り、よく混ぜ合わせたAを加える。肉巻きを転がしながら煮絡め、とろみと照りが出たら、器に盛り、ミントの葉を添える。

豚肉の利久焼き

レシピ考案・田口成子さん

材料（2人分）

豚ロース肉（薄切り）… 200g

エリンギ … 100g（2本）

しめじ … 100g

にんにく（みじん切り）… 1/2かけ分

A | しょうゆ、酒、水 … 各大さじ1
　 | みりん … 大さじ1/2

サラダ油 … 大さじ1・1/2

ごま（すりおろす）… 大さじ1

作り方

1 豚肉は食べやすい大きさに切る。エリンギは横半分、たて4等分に切り、しめじは根もとを落として、軽くほぐす。

2 フライパンにサラダ油を入れ、強めの中火で加熱する。にんにくを入れ、エリンギとしめじを加える。全体に焼き色がついたら、器に盛りつける。

3 同じフライパンに**1**の豚肉を入れ、両面の色が変わるまで焼く。Aを加えて、一度煮立たせる。

4 ごまを加えて、全体が絡まったら、豚肉を器に盛る。残ったたれを**2**にかける。

しょうゆとみりんで味を調え、
すりごまの香ばしさをプラス！

19

コチュジャンとはちみつを使って
流行りの韓国料理風アレンジ！

ソーセージパイ
～ヤンニョムソース～

レシピ考案・ファン・インソンさん

材料（2個分）

フランクフルトソーセージ（約12cm）… 2本

冷凍パイシート（11cm×18cm）… 4枚

A
- 玉ねぎ（みじん切り）… 1/4個分
- ピーマン（みじん切り）… 1/2個分
- コーン（缶詰め、ホールタイプ）… 大さじ2
- トマトケチャップ … 大さじ1
- コチュジャン、はちみつ … 各大さじ2
- 黒こしょう（粗びき）… 小さじ1/2
- サラダチキン（ほぐす）… 40g

ピザ用チーズ、韓国のり（ちぎる）… 各適量

バター … 大さじ1～2

作り方

1 冷凍パイシートは、袋の表示通り解凍する。2枚重ねて、オーブン用の紙の上におく。

2 ソーセージをのせて、しっかり密着させながら巻く。

3 調理ばさみで、上から斜めに切り込みを入れ、ソーセージを切る。最初はそのまままっすぐに倒す。つづいて1cm幅を目安に、切り込みを入れていき、そのつど左右交互に倒す。最後は最初と同様にそのまままっすぐに倒す。もう1個も同様に行う。

4 フライパンにバターを溶かす。**3**をおき、混ぜ合わせた**A**をのせ、ピザ用チーズをのせる。

5 フタをして弱火で、底面に焼き色がつくまで、約15分間焼く。器に盛って韓国のりを散らす。

大きめに切った食材を
みそ味で仕上げた、食べ応えのある一品

新たまねぎの
厚揚げ炒め

レシピ考案・今泉久美さん

材料（2人分）

新玉ねぎ … 100g（1/2個）

厚揚げ … 約200g（1枚）

豚肩ロース（薄切り）… 100g

きくらげ（乾物）… 大3枚

にら … 20g

A
- 酒 … 大さじ1/2
- しょうゆ、かたくり粉 … 各小さじ1/2

オリーブ油 … 大さじ1

B
- みそ、酒 … 各大さじ1
- 砂糖 … 大さじ1/2

作り方

1 新玉ねぎは6等分のくし形に切る。厚揚げは紙タオルで余分な油を取り除き、たて半分に切って、1cm幅に切る。豚肩ロース肉はひと口大に切り、**A**をふる。きくらげは袋の表示通りに水で戻し、根もとの硬い部分を取り除いて1cm幅に切る。にらは3cm長さに切る。

2 フライパンにオリーブ油を入れて中火で熱し、**1**の豚肉と厚揚げを広げて入れる。厚揚げは上下を返しながら火をとおす。

3 豚肉の色が変わったら、**1**の新玉ねぎ、きくらげを加えてサッと炒め、ふたをして1分間蒸し焼きにする。

4 **B**を加えて強めの中火にして炒める。調味料が全体になじんだら、**1**のにらを加えてサッと炒める。

春野菜をピリ辛だれで味付けした
ご飯がすすむ炒め料理

ピリ辛薬味だれで
焼き肉＆焼き野菜

レシピ考案・夏梅美智子さん

材料（2人分）

豚バラ肉（薄切り）… 100g

ゆでたけのこ … 100g

なす … 1本

グリーンアスパラガス … 2本

れんこん（6〜7mm幅の輪切り）… 4枚

春にんじん（4〜5mm幅の輪切り）… 4枚

ごま油（白）… 大さじ1〜2

細ねぎ（小口切り）… 1本分

青じそ（1cm四方に切る）… 5枚分

しょうゆ … 大さじ3
みりん、ごま油、すりごま … 各大さじ1
砂糖 … 小さじ1
塩、こしょう … 各少々
一味とうがらし、にんにく（すりおろす）… 各小さじ1/4
しょうが（みじん切り）… 大さじ1
ねぎ（みじん切り）… 10g

作り方

1　豚バラ肉は約8cm幅に切る。フライパンに並べ、中火で3〜4分間、両面を焼く。脂が出たら、拭き取る。

2　ゆでたけのこは1.5cm厚さのくし形に切る。なすはへたを除いてたて4等分、アスパラガスは根もとを折って、下4cmの皮をむいて3等分に切る。

3　フライパンにごま油を入れ、中火で加熱する。れんこん、にんじん、2を加え、全体に焼き色がつくまで焼く。

4　1の豚肉、3を器に盛りつける。細ねぎ、青じそ、Aを混ぜ合わせたたれ大さじ2・2/1をかける。

※残ったたれは冷蔵庫で1週間ほど保存可能。

里いもをジャーマンポテト風に
アレンジした、パンチのある一品

ジャーマン里芋

レシピ考案・エダジュンさん

材料（2人分）

里いも … 200g

かたくり粉 … 大さじ1

ベーコン（1cm角の拍子木切り）… 80g

玉ねぎ（薄切り）… 1/2個分

にんにく（薄切り）… 1かけ分

ローズマリー（みじん切り）… 1枝分

粒マスタード … 小さじ2

塩、黒こしょう（粗びき）… 適量

オリーブ油 … 大さじ1・1/2

作り方

1　里いもは皮をむき、塩をふってもみ込み、水で洗ってぬめりを取る。大きいものがあれば、食べやすい大きさに切る。約10分間ゆでて水けをきり、かたくり粉をまぶす。

2　フライパンにオリーブ油を入れ、弱めの中火で加熱する。にんにくを入れ、きつね色になるまで炒めたら取り出す。玉ねぎとベーコンを入れ、玉ねぎがしんなりするまで中火で炒める。

3　1を加え、塩、ローズマリーを入れて味をととのえる。里いもを転がしながら焼き、焼き色がついたら火を止める。粒マスタードを加え、黒こしょうをふりかける。2のにんにくを散らし、全体を混ぜ合わせる。

甘じょっぱいたれをからめた
鶏手羽先にかぶりつきたくなる

鶏手羽先のべっこう焼き

レシピ考案・本田明子さん

材料（2人分）

鶏手羽先 … 300g（6本）
かたくり粉、サラダ油 … 各大さじ2
A｜ 砂糖、米酢、しょうゆ … 各大さじ1
しょうが（せん切り）… 5g
トマト（薄切り）… 1個分

作り方

1 手羽先は常温に戻す。関節から包丁を入れて先端を切り
   落とし、ボウルに入れて、かたくり粉を全体にまぶす。

2 フライパンにサラダ油を加熱する。皮側が下になるように
   手羽先を並べ、ふたをして弱めの中火で焼く。肉汁が出て
   きたら弱火にして、5〜6分間揚げ焼きにする。

3 皮側に焼き色がついたら上下を返し、ふたをせずに弱めの
   中火で約2分間焼く。

4 Aを加えて3とからめ、しょうがを加えてサッとあえる。ト
   マトと一緒に器に盛る。

里芋肉炒め　カリカリパン粉がけ

レシピ考案・近藤幸子さん

材料（2人分）

里芋（皮をむき、8mm厚さの輪切り）… 250g

鶏もも肉（ひと口大に切る）… 250g

塩 … 小さじ1/2

サラダ油 … 小さじ1

水 … 大さじ4

A
| パン粉 … 大さじ6
| ごま油 … 小さじ2
| 黒ごま … 小さじ1
| にんにく（みじん切り）… 1/2かけ分
| 塩 … 小さじ1/4

作り方

1 フライパンにAを入れて混ぜ、全体をなじませる。中火にして全体が茶色くなるまで3〜4分間炒める。火を止め、粉ざんしょう小さじ1/4と七味とうがらし少々（各分量外）を加えて混ぜ合わせる。

2 鶏もも肉に塩をまぶす。

3 別のフライパンにサラダ油を入れ、**2**の皮を下にして並べる。すき間に里いもを入れる。水を回し入れてふたをし、約7分間中火で蒸し焼きにする。途中で上下を返す。

4 ふたを取り、火を強めて焼き色が付くまで炒める。

5 器に盛りつけ、**1**をたっぷりかける。

パン粉のカリカリとした食感と
里いものねっとりとした食感が相性抜群

春巻きの皮をクラッカーのようにアレンジした、見た目もユニークな料理

オープン揚げ春巻き
鶏肉のオイスターソース炒めのせ

レシピ考案・パン・ウェイさん

材料（2人分）

鶏もも肉 … 250g（1枚）

A
- 紹興酒 … 大さじ1
- チキンスープのもと（顆粒）… 小さじ1/2
- こしょう … 少々
- かたくり粉 … 大さじ1

厚揚げ … 150g（1枚）

生しいたけ … 2枚

細ねぎ … 5本

しょうが … 10g

みかん（小さめ）… 1個

春巻きの皮（4等分に切る）… 2枚分

サラダ油 … 適量

B
- オイスターソース … 小さじ2
- しょうゆ、黒砂糖 … 各小さじ1
- チキンスープのもと（顆粒）… 小さじ1/2

ごま油（白）… 小さじ1

黒こしょう（あらびき）、黒ごま … 各少々

クコの実（水で戻す）、香菜（刻む）… 各適量

作り方

1 鶏もも肉を3cm角に切り、Aをもみ込む。厚揚げは2cm角、生しいたけは軸を除いて4〜6等分、細ねぎは緑と白の部分を分けて3cm長さに切る。しょうがはせん切り、みかんはへたを除き、よく洗って皮ごと8mm幅のくし形に切る。

2 フライパンに1cmほどのサラダ油を加熱し、春巻きの皮を1枚ずつ入れ、中心に直径6〜7cmのココットなどの丸い耐熱容器をおく。弱めの中火にして、火加減を調整しながら、きつね色になるまで火をとおし、耐熱容器を外して皮を取り出す。同様に7枚を揚げ焼きする。
【注意】耐熱容器を置いたり外したりする際は油が熱いので注意してください。

3 フライパンにごま油を中火で加熱する。**1**の鶏もも肉を4〜5分間焼く。細ねぎの白い部分、しょうが、生しいたけを加えて、香りが立つまで炒める。

4 厚揚げ、細ねぎの緑の部分を加えて炒め、Bを加えて全体になじませる。みかんを入れて、火を止めて混ぜ、黒こしょう、黒ごまを振る。

5 **2**を皿に並べて**4**をのせ、クコの実と香菜をのせる。

ナッツの香ばしさが
食感のアクセントに
冷めてもおいしい！

ささみのナッツ衣焼き

レシピ考案・藤野嘉子さん

材料（2人分）

鶏ささみ … 3本

しょうゆ … 小さじ2

小麦粉、水 … 各大さじ2

ミックスナッツ（無塩）… 50g

黒ごま … 大さじ1

オリーブ油 … 大さじ2〜3

サラダ菜、レタスなど、レモン … お好みで

作り方

1 鶏ささみは筋を除いて薄めのそぎ切りにし、しょうゆをからめておく。

2 ミックスナッツは、袋に入れてめん棒などでやさしくたたいて細かく砕き、黒ごまと混ぜ合わせる。

3 ボウルに小麦粉と水を入れ、よく混ぜる。

4 1に3を薄くつけ、2を全体にまぶす。
※竹串を使うと衣をつけやすい。

5 フライパンにオリーブ油を加熱する。4を入れ、両面に焼き色がつくまで4〜5分間、中火で焼く。

6 器に盛りつけ、サラダ菜やレタス、レモンなどを添える。

ズッキーニのみずみずしさを
牛肉でギュッと閉じ込めた！

ズッキーニの牛肉巻き

レシピ考案・石原洋子さん

材料（2人分）

ズッキーニ … 200g（1本）

牛切り落とし肉 … 150g

サラダ油 … 大さじ1/2

酒、砂糖 … 各小さじ1

しょうゆ、バター … 各大さじ1

作り方

1 ズッキーニは両端の硬い部分は切り落とし、たて4等分に切る。すき間ができないように牛肉を少し重ねながら、ズッキーニ全体に巻く。

2 フライパンにサラダ油を入れ、加熱する。**1**の巻き終わりが下になるように入れる。弱めの中火で巻き終わりを焼きかためたら、全体に焼き色がつくように転がしながら焼く。

3 酒、砂糖、しょうゆを入れて全体にからめる。

4 バターを加えてからめ、汁けを少しとばす。器に盛り付け、フライパンに残った汁をかける。

秋の彩り炒り煮

レシピ考案・石原洋子さん

材料（2人分）

ごぼう … 100g

れんこん … 100g

にんじん … 50g

ぎんなんの身（ゆでて、薄皮を除く）… 40g

牛切り落とし肉 … 100g

ごま油 … 大さじ1

酒、みりん、しょうゆ … 大さじ1・1/2

砂糖 … 大さじ1/2

作り方

1 ごぼうは洗ってたて半分に切り、2cm長さに切る。水に約5分間さらして、水けをきる。れんこんは皮をむき、5mm厚さのいちょう形に切る。水にサッとくぐらせて、水けをきる。にんじんは皮をむいて、5mm厚さのいちょう形に切り、牛肉は2～3cm長さに切る。

2 フライパンにごま油を入れ、中火で加熱する。**1**のごぼうを入れて約1分間炒め、**1**のれんこん、にんじんを入れて炒める。油が全体になじんだら、ふたをして、約3分間蒸し焼きにする。

3 ごぼうがやわらかくなったら、ぎんなんを入れてサッと炒める。

4 フライパンの中央をあけて、**1**の牛肉を入れて炒め、肉の色が変わったら、全体を混ぜ合わせる。酒、みりん、しょうゆ、砂糖を順に加え、汁けがなくなるまで炒める。

秋の食材を甘辛く仕上げた
どこか懐かしい味わいの煮もの

食材のうま味を
たっぷりと吸った春雨に
とろみをプラスした煮込み料理

しいたけたっぷり！マーボー春雨

レシピ考案・市瀬悦子さん

材料（2人分）

生しいたけ … 80g（4枚）

春雨（乾物）… 50g

豚ひき肉 … 150g

にんにく（みじん切り）… 1/2かけ分

豆板醤 … 小さじ1/2

サラダ油 … 大さじ1

A｜チキンスープのもと（顆粒）… 小さじ1/2
　｜みそ、しょうゆ … 各大さじ1

水 … 2カップ

B｜かたくり粉 … 小さじ1/2〜1
　｜水 … 小さじ1〜2

細ねぎ（小口切り）… 適量

作り方

1 しいたけは石づきを除き、軸を切り落とす。軸の部分は斜め切り、かさの部分は薄切りにする。春雨はサッと水にくぐらせて半分に切る。

2 フライパンにサラダ油、豆板醤、にんにくを入れて中火で加熱する。香りがたったら豚ひき肉を加えてほぐしながら炒める。

3 肉の色が変わってきたら、しいたけを加えてしんなりするまで炒める。

4 Aを加えて炒め、全体が混ざったら水、**1**の春雨を加えてなじませる。煮立ったら、弱めの中火にし、混ぜながら約7分間煮る。

5 Bを回し入れ、とろみをつける。器に盛って細ねぎを散らす。

そら豆と豚ひき肉のザーサイ炒め

レシピ考案・堤 人美さん

材料（2人分）

そら豆（さやから出して、薄皮をむく）… 120〜150g

水 … 大さじ3

豚ひき肉 … 200g

塩、こしょう … 各少々

ごま油 … 大さじ1

ねぎ（たて半分に切って、斜め薄切り）… 1/2本分

味付きザーサイ（みじん切り）… 25g

A | にんにく（すりおろす）… 1/2かけ分
| 豆板醤 … 小さじ1/3
| 黒酢、しょうゆ、砂糖 … 各小さじ2
| かたくり粉 … 小さじ1/4
| 水 … 大さじ2

酒 … 大さじ1

作り方

1 豚ひき肉に塩、こしょうをする。

2 フライパンにごま油を入れ、中火で加熱する。ねぎを加えてしんなりするまで炒める。そら豆を加えてサッと炒めたら、水を加え、ふたをして1分30秒ほど蒸し焼きにする。

3 ふたを取り、水分が残っていたらとばす。1、ザーサイを加え、肉の色が変わるまで2分間炒める。

4 酒を回し入れてアルコールをとばし、Aを加えて全体にとろみがつくまで炒める。

さわやかな味わいの肉だんごを
酸味が魅力のソースでいただく

ハーブ入りエスニック肉だんご

レシピ考案・坂田阿希子さん

材料（2〜3人分）

豚ひき肉 … 400g

A
- しょうが（みじん切り）、にんにく（すりおろす）… 各1かけ分
- 卵 … 1個
- 塩、こしょう … 各少々

パクチー … 1株分

ミントの葉 … 大さじ2

大根（細めの拍子木切り）… 400g（12cm分）

にんじん（細めの拍子木切り）… 100g（1/2本分）

B
- ナンプラー … 90mℓ（大さじ6）
- 水、砂糖、酢、レモン汁 … 各大さじ1・1/2
- 赤とうがらし（種を除き2〜3等分）… 1本分
- にんにく（みじん切り）… 1かけ分

サニーレタス、サラダ油 … 各適量

作り方

1 豚ひき肉をボウルに入れ、**A**を加えて粘りが出るまで混ぜ合わせる。パクチーの根の部分、ミントの葉を加えて練り混ぜる。8等分にして、楕円形に成形にする。

2 フライパンにサラダ油を入れ、**1**を並べ入れ、中火で焼く。表面がこんがりと色づくまで転がしながら、約6分間揚げ焼きにする。

3 大根、にんじんに塩小さじ1/3（分量外）をまぶして10分間おく。水けをしっかりと絞り、ボウルに入れ、**B**を混ぜ合わせたマリネ液の半量を加え、全体を混ぜ合わせて20分間おく。

4 器にサニーレタスをしき、**2**、**3**を盛りつける。残りのマリネ液を全体に回しかけ、パクチーの葉の部分、ミントの葉 適量（分量外）を添える。

パセリ入り豚つくね

レシピ考案・しらいのりこさん

材料（3人分）

A
豚ひき肉 … 150g	
厚揚げ … 160g（1枚）	
削り節 … 2g	
パセリ（みじん切り）… 30g	
卵白 … 1個分	
かたくり粉 … 大さじ1	
塩 … 小さじ1/4	
黒こしょう（粗びき）… 少々	

サラダ油 … 大さじ1

B
しょうゆ、砂糖 … 各大さじ1
水 … 大さじ2

卵黄 … 1個分

作り方

1 ボウルにAを入れて、粘りが出るまで混ぜる。6等分に分けて丸め、平たい円形に成形する。

2 フライパンにサラダ油を入れ、弱めの中火でふたをして2分間ほど焼く。上下を返してふたをし、さらに2分間ほど焼く。

3 Bを加えたら、フライパンをゆすりながら、たれが少なくなるまで煮詰めて全体になじませる。器に盛り、卵黄を添える。

ひと口で広がる
パセリの風味と削り節の
うま味を堪能できる

肉だねをギュッと詰め込んだ
トマトを豪快に食べ尽くす一品

丸ごとトマトの肉詰め

レシピ考案・重信初江さん

材料（2人分）

トマト … 600g（3個）

合いびき肉 … 250g

玉ねぎ（みじん切り）… 1/4個分

A
- 酒 … 大さじ1
- しょうゆ … 大さじ1/2
- みそ、かたくり粉 … 各小さじ1
- にんにく（すりおろす）… 小さじ1/2
- 塩 … 小さじ1/4
- こしょう … 少々

B
- しょうゆ … 小さじ1
- 塩 … 1つまみ

サラダ油 … 大さじ1/2

青じそ（せん切り）… 5枚分

作り方

1 トマトをたて半分に切ってヘタを取り除き、中身をくり抜く。紙タオルの上にふせておき、汁けをきる。

2 取り出した中身は粗めのみじん切りにして、汁ごとボウルに入れ、Bを加えて混ぜ合わせる。

3 ボウルに、合いびき肉、玉ねぎ、Aを入れて粘りが出るまでよく混ぜる。

4 肉だねを6等分し、**1**に詰める。
※肉だねが余った場合はそのまま焼いてください。

5 フライパンにサラダ油を入れ、加熱する。**4**を肉側を下にして並べ、弱めの中火で焼き色がつくまで2〜3分間焼く。

6 上下を返し、フライパンの空いているところに**2**を入れ、強めの中火で煮立たせる。

7 弱めの中火にし、ふたをして5〜6分間蒸し焼きにする。

8 器に盛りつけ、残ったソースは強めの中火にして、少しとろみがつくまで水分を飛ばす。ソースをかけ、青じそをのせる。

クミンでラム肉のくせを和らげ
ミントとヨーグルトで
さわやかさを演出

ラム肉とじゃがいものスパイス炒め

レシピ考案・ワタナベマキさん

材料（2人分）

ラム肉（焼き肉用）… 180g

じゃがいも … 250g（2個）

玉ねぎ（2cm角に切る）… 1/2個分

オリーブ油 … 大さじ1

クミンシード … 小さじ2

にんにく（つぶす）… 1かけ分

白ワイン … 大さじ1

塩、黒こしょう（粗びき）… 各少々

ミントの葉（みじん切り）… 5〜6枚

A ┌ プレーンヨーグルト（無糖）… 大さじ2・1/2
　├ 黒こしょう（粗びき）… 少々
　├ 塩 … 小さじ1/4
　└ オリーブ油 … 小さじ2

作り方

1 ラム肉はひと口大に切る。じゃがいもはよく洗い、2cm角に切り、サッと水にさらして水けをきる。

2 Aをよく混ぜ合わせ、ミントを加えて混ぜる。

3 フライパンにクミンシード、にんにく、オリーブ油を入れて弱火で加熱する。香りが立ったら、**1**のじゃがいも、玉ねぎを入れて中火にし、玉ねぎが透きとおるまで1〜2分間炒める。

4 強めの中火にして、ラム肉を入れて塩をふり、焼き色がつくまで焼く。白ワインを加えたら弱火にして、ふたをして2分間蒸し焼きにする。

5 ふたを取り、中火にして水分をとばす。塩を加え、黒こしょうをふる。

6 器に盛りつけ、**2**のソースをかける。

えびとなすの甘辛炒め

レシピ考案・エダジュンさん

材料（2人分）

むきえび … 120g（10匹）

かたくり粉 … 小さじ2

なす（長めの乱切り）… 2個分

にんにく（みじん切り）… 1かけ分

ねぎ（みじん切り）… 1/2本分

ごま油 … 大さじ1・1/2

水 … 100ml

A
｜ スイートチリソース … 大さじ3
｜ トマトケチャップ … 大さじ3
｜ しょうゆ … 小さじ1

パクチー（刻む）… お好みで

作り方

1 むきえびにかたくり粉をまぶす。

2 フライパンにごま油を入れて加熱し、にんにくを加えて炒める。

3 香りが立ってきたら、なすを加えて中火で軽く焼き色がつくまで炒める。**1**のえびを加えて焼き色がつくまで炒める。

4 A、水を回し入れ、強めの中火で2分間ほど煮る。

5 とろみがついてきたら、ねぎを入れてサッとあえる。器に盛りつけて、パクチーを散らす。

えびのプリッとした食感となすのジューシーさが魅力

さっぱりとした白身魚に
豚肉のあんでコクをプラス！

たらの肉あんかけ

レシピ考案・パン・ウェイさん

材料（2人分）

生だら（切り身）… 2切れ
紹興酒 … 小さじ1/2
小麦粉 … 適量
厚揚げ … 160g（1枚）
にんにく（みじん切り）、
　しょうが（みじん切り）
　… 各小さじ2
豚バラ肉（薄切り）… 80g

A
　紹興酒 … 小さじ1
　しょうゆ … 小さじ1/3
　黒こしょう … 少々

B
　紹興酒 … 大さじ1
　しょうゆ … 大さじ1/2
　黒砂糖 … 小さじ1/2
　黒こしょう … 3つまみ
　チキンスープのもと（顆粒）
　　… 小さじ1/2
　水 … 60ml

C
　紹興酒 … 小さじ1
　かたくり粉 … 小さじ1/2

刻みのり、細ねぎ（小口切り）
　… 各適量

作り方

1 紙タオルでたらの水けをしっかりと拭き取り、半分に切る。両面に紹興酒を塗って、小麦粉をまぶし、余分な粉を落とす。

2 フライパンにごま油（白）小さじ2（分量外）を入れ、中火で加熱する。たらの両面を焼き、取り出す。

3 フライパンに厚揚げを入れ、両面を焼き、4等分に切る。

4 豚バラ肉を5mm幅に切り、Aをもみ込む。

5 フライパンにごま油（白）小さじ1（分量外）を入れ、4の豚バラ肉を中火で炒め、軽く火がとおったら、にんにく、しょうがを加えて香りを立たせる。

6 香りが立ったら、Bを加えてサッと煮る。ふたをして、弱火で2分間煮る。

7 Cを加えてとろみがついたら火を止め、ごま油（黄）少々（分量外）を加える。

8 2のたら、厚揚げを器に盛りつける。7をかけ、刻みのり、細ねぎをのせる。

半熟のスクランブルエッグに
えびチリをのせた、
人気おかずのコラボ

スクランブルエッグえびチリ

レシピ考案・舘野鏡子さん

材料（2人分）

むきえび … 120g（8〜12匹）

A
塩、砂糖 … 各2つまみ
かたくり粉 … 小さじ2
酒、サラダ油
　… 各小さじ1
こしょう … 少々

B
ケチャップ、酒
　… 各大さじ1
水 … 50mℓ
チキンスープのもと（顆粒）
　… 小さじ1/4
しょうゆ、砂糖
　… 各小さじ1/2
塩 … 少々

卵 … 3個
牛乳 … 大さじ3
塩 … 1つまみ
サラダ油、ごま油
　… 各大さじ1
にんにく（みじん切り）、
　しょうが（みじん切り）
　… 各1かけ分
豆板醤 … 少々
ねぎ（みじん切り） … 10cm分
きくらげ（乾物） … 3g

C
かたくり粉 … 小さじ1/2
水 … 小さじ1

ねぎの青い部分（せん切り）
　… お好みで

作り方

1 むきえびは背わたを取り除き、頭から尾にかけて背に切り目を入れる。

2 **1**をボウルに入れ、Aを加えてもみこむ。

3 卵を溶き、牛乳、塩を加えて混ぜる。

4 フライパンにサラダ油を強めの中火で加熱する。**3**を一気に流し入れ、大きくかき混ぜながら半熟の手前まで火をとおす。弱火にして20秒間さわらずに加熱し、器に盛る。

5 フライパンにごま油入れ、弱火で加熱する。にんにくとしょうがを加えて炒め、**2**のえびを加えて弱めの中火にして軽く両面を焼く。

6 ねぎと豆板醤を加えて炒める。

7 きくらげはぬるま湯で戻して石づきをとり、一口大にちぎる。

8 **6**にきくらげを加えて炒め合わせる。Bを加え、1分間混ぜながら煮る。

9 Cを加えて全体を混ぜ、とろみがついたら、**4**の上に盛りつける。お好みでねぎの青い部分を散らす。

アスパラと
シーフードの
レモンバター炒め

レシピ考案・角田真秀さん

材料（2人分）

グリーンアスパラガス … 6本

水 … 500mℓ

塩 … 大さじ1

シーフードミックス（冷凍）… 200〜250g

レモン汁 … 大さじ1・1/2

バター … 20g

A　酒 … 小さじ2
　　塩 … 2つまみ

作り方

1 アスパラガスは、根もとを切り落とし、根もとから1/3の皮をむき、3等分に切る。

2 塩を水に溶かし、約3％の塩水を作る。シーフードミックスを30分間塩水につけて解凍し、水けをきってレモン汁をまぶす。

3 フライパンにバターを入れ、中火で加熱する。**1**のアスパラガスを1〜2分間炒め、**2**、Aを加えて、2〜3分間全体を炒め合わせる。

ねぎの甘みとみそバター風味で
ご飯が進む絶品おかず

ねぎとさけのみそバター炒め

レシピ考案・瀬尾幸子さん

材料（2人分）

サーモン（刺身用のさく）… 120g

ねぎ（1cm幅の斜め切り）… 2本分

塩、こしょう … 各少々

小麦粉、バター … 各大さじ1

A
みそ … 大さじ3
みりん … 大さじ2

七味とうがらし … お好みで

作り方

1 サーモンは7mm厚さに切る。塩、こしょうをふり、小麦粉をまぶす。

2 フライパンにバターを入れ、中火で加熱する。ねぎを加え、2〜3分間炒める。

3 2を片側に寄せ、1を入れて両面焼く。

4 Aを回しかけ、サーモンが崩れないように注意しながら炒め合わせる。

5 器に盛りつけ、七味とうがらしをふる。

スナップえんどうと帆立てのオイスターソース炒め

レシピ考案・渡辺あきこさん

材料（2人分）

スナップえんどう … 100g（12本）

ベビー帆立て（加熱してあるもの）
　…100g（10〜12個）

A｜　水 … 1/4カップ
　　塩 … 少々
　　サラダ油 … 小さじ1

ねぎ（みじん切り）… 5cm分

しょうが（みじん切り）… 1/2かけ分

B｜ オイスターソース、酒、水 … 各小さじ2

かたくり粉 … 適量

サラダ油 … 大さじ1

黒こしょう（粗びき）… 少々

作り方

1 スナップえんどうは筋を取って斜め半分に切る。帆立ては、紙タオルで水けを拭き取り、かたくり粉を薄くまぶす。

2 フライパンにAを入れ、煮立ったらスナップえんどうを加え、ふたをして強めの中火で1〜2分間蒸し煮にする。ざるにとって、水けをきる。

3 フライパンにサラダ油を入れ、中火で加熱する。**1**の帆立てを加え、両面に焼き色がつくまで焼く。

4 **3**を端に寄せて、サラダ油小さじ1（分量外）を加え、ねぎ、しょうがを入れて、香りがたつまで炒める。

5 Bを加えて全体を煮からめたら、**2**を戻し入れ、サッと混ぜ合わせる。器に盛り、黒こしょうをふる。

帆立てのうま味がシャキシャキ食感のスナップえんどうを引き立てる

目玉焼きタルタルソース
鮭のムニエル

レシピ考案・近藤幸子さん

材料（2人分）

生鮭（切り身）… 200g（2切れ）

塩 … 小さじ1/3

小麦粉 … 小さじ2

サラダ油 … 大さじ1・1/3

バター … 5g

卵 … 1個

水 … 大さじ3

A ┌ ねぎ（みじん切り）… 5cm分
  │ 塩 … 少々
  └ マヨネーズ … 大さじ1

お好みの葉野菜 … 適量

作り方

1 フライパンを熱し、サラダ油小さじ1を加える。卵を割り入れ、水を加えてふたをし、4分間焼く。黄身にしっかり火がとおったらボウルに入れて崩し、Aを加えて混ぜ合わせる。

2 さけは洗って水けを拭き取り、半分に切る。フライパンに並べ、塩をふり、小麦粉を全体にまぶす。

3 サラダ油大さじ1を回しかけ、中火で両面を4～5分間かけて焼く。

4 フライパンの油を拭き取り、バターを加えて全体に絡める。皿に盛り付け、お好みの葉野菜を添え、**1**のソースを添える。

目玉焼きで作る、ユニークなソース

ムニエルやフライとの相性抜群

ナッツオイルでサーモンのムニエル

レシピ考案・松村眞由子さん

材料（2人分）

ミックスナッツ（食塩使用、不使用どちらでも可）
　… 40g（大さじ4）

A
| オリーブ油 … 大さじ2
| 塩 … 小さじ1/2
| こしょう … 少々

生ざけ（切り身）… 2切れ

B
| 塩 … 小さじ1/4
| こしょう … 少々
| 白ワイン … 大さじ1/2

小麦粉 … 大さじ1/2

オリーブ油 … 大さじ1/2

ガーリックパウダー … 少々

じゃがいも … 1個

ブロッコリー … 50g

レモン（くし形に切る）… お好みで

作り方

1 ミックスナッツを細かく刻む。保存容器に、ミックスナッツとAを入れて混ぜる。
※冷蔵庫で約2週間保存可能。

2 生ざけは骨を取り除き、Bを両面にかけ、5分間おく。紙タオルで水けを拭き、小麦粉を全体にまんべんなくまぶす。

3 じゃがいもは皮をむきひと口大に切り、ゆでて水けをきる。ブロッコリーは小房に分け、ゆでて水けをきる。

4 フライパンにオリーブ油を入れ、加熱する。2のさけを盛りつけたときに上になる面を下にして、強めの中火で1〜2分間焼く。焼き色がついたら上下を返して、弱めの中火にし、3〜4分間焼く。

5 3、4を器に盛る。4に大さじ1、ガーリックパウダーをかけ、レモンを添える。

ピリッとした、やさしい辛みが
味のアクセントになった王道の魚料理

ぶりの照り焼き

レシピ考案・松村眞由子さん

材料（2人分）

ぶり … 2切れ

塩 … 少々

ねぎ … 1/2本

ピーマン … 1個

A ┃ しょうがジャム … 大さじ1/2
　┃ しょうゆ、酒、みりん … 各大さじ1

サラダ油 … 小さじ1強

作り方

1 ぶりは両面に塩をふり5分間おいて、水けを拭き取る。ねぎは4cm長さに切る。ピーマンはヘタと種を取り除き、たてに4〜6等分に切る。

2 フライパンにサラダ油を入れて中火で加熱し、盛りつけたときに表になる面を下にして、ぶりを並べ入れる。空いているところに野菜をすべて入れて焼く。ぶりは焼き色がつくまで1〜2分間焼き、上下を返して弱めの中火にし、2〜3分間焼く。

3 野菜を取り出し、器に盛りつける。

4 Aを加えて中火にし、ぶりにたれを回しかけながら軽く煮詰める。とろみがついたら火を止め、ぶりを盛りつける。

- -

しょうがジャムの作り方（作りやすい分量）

しょうが100gをよく洗い、皮ごとすりおろす。鍋にすりおろしたしょうが、砂糖大さじ4を入れ、中火で加熱する。沸々したら弱火にして3〜4分間煮詰め、水分を飛ばす。

いわしに香味野菜をたっぷり使った
ソースをかけていただく

イワシのソテー
梅ポン酢ソース

レシピ考案・藤野嘉子さん

材料（2人分）

いわし … 4〜5匹

小麦粉 … 大さじ2〜3

オリーブ油 … 大さじ3

A ┃ みょうが（斜め薄切り）… 2個分
　┃ しょうが（せん切り）… 1/2かけ分
　┃ 青じそ（せん切り）… 4枚分

梅干し（塩分12%）… 1個

B ┃ ポン酢しょうゆ … 大さじ2
　┃ だし … 大さじ1

長いも … 100g（6cm長さ）

作り方

1 【いわしの下処理】いわしの頭と内臓を取り除き、流水で腹の中を洗って水けを拭き取る。腹側を上にして持ち、中骨（背骨）に沿って親指で尾ビレまで開く。頭側も中骨に沿って親指で開く。中骨を尾のつけ根のところで折る。身を押さえながら、尾から頭へ中骨を起こすようにして取り除く。左右の腹骨を薄くすき取り、尾を切り落とす。開いた身は2等分に切る。

2 Aをボウルに入れ、サッと洗い、紙タオルで水けをきる。

3 長いもは皮をよく洗い、皮つきのまま厚さ1cmの輪切りにする。フライパンにオリーブ油大1/2を入れて加熱し、長いもを入れて、両面に焼き色がつくまで中火で焼く。

4 同じフライパンにオリーブ油大さじ2・1/2を入れて加熱する。1のいわしに小麦粉をまぶし、皮側を下にして入れて中火で焼く。途中で上下を返し、全体に焼き色がつくまで4〜5分間焼く。

5 梅干しの種を取り除いて粗くたたき、Bと合わせる。

6 器に3、4を盛りつける。2、5をのせる。

第 2 章

フライパンを使った煮もののレシピ

手間ひまのかかるイメージがある「煮込み」料理。今回は、フライパンを使って作るレシピを厳選してご紹介。筑前煮、マーボー豆腐、かれいの煮つけなど、食材に味がしっかりしみ込んで、体も心もホッと温まる料理が勢ぞろいです。

いんげん豆と豚肉の煮込み

レシピ考案・ヤミーさん

材料（2〜3人分）

豚ロース肉（厚切り）… 150g（1枚）

塩 … 小さじ1/4

玉ねぎ（粗いみじん切り）… 1/2個

ねぎ … 1/2本

にんにく（みじん切り）… 1かけ分

オリーブ油 … 大さじ1

白いんげん豆の水煮（缶詰め）
　　… 400g（1缶分）

ローリエ … 1枚

水 … 1カップ

ウインナーソーセージ … 3本

パセリ（みじん切り）… 大さじ2

作り方

1 豚肉をひと口大に切り、塩をもみ込む。ねぎはたて半分に切って、5mm幅に切る。

2 フライパンにオリーブ油を入れ、中火で加熱し、豚肉の片面を焼いたら端に寄せて上下を返す。空いたスペースに玉ねぎ、ねぎ、にんにくを入れ、しんなりするまで炒める。

3 白いんげん豆を缶汁ごと加え、水、ローリエを加えて煮立てたら、ふたをして弱火で10分間煮る。

4 斜め半分に切ったウインナーソーセージを加えてふたをし、5分間煮る。パセリを入れ、お好みで塩（分量外）を加える。

いんげん豆と豚肉、野菜を
じっくり煮込んだ体が温まる料理

大根とスペアリブの
ピリ辛みそ煮込み

レシピ考案・堤 人美さん

やわらかくなるまで
煮込んだスペアリブが
ボリューム満点の一品

材料（2～3人分）

豚スペアリブ（切り込みを入れる）… 500g（6本分）

大根（2cm厚さの半月切り）… 300g

塩 … 小さじ1/3

こしょう … 少々

ごま油 … 小さじ2

酒 … 大さじ2

水 … 2カップ

A｜コチュジャン … 大さじ3
　｜みりん … 大さじ2
　｜にんにく（すりおろす）… 1/2かけ

にら（4cm長さに切る）… 1/3把

酢 … 小さじ1

作り方

1 スペアリブに塩、こしょうをもみ込む。

2 フライパンにごま油を加えて、強めの中火で加熱する。スペアリブを入れ、両面に焼き色がつくまで3分間焼く。

3 スペアリブを端に寄せて大根を入れ、片面を2分間ずつ焼いて焼き色をつける。

4 酒を加え、水、Aを加える。煮立ったら落としぶたをし、さらにふたをして、弱めの中火で20分間煮込む。

5 ふた、落としぶたを取り、火を強め、酢を加えてひと煮立ちさせる。にらを加え、ひと混ぜする。

鶏スペアリブのしょうが照り煮

レシピ考案・河野雅子さん

材料（2人分）

鶏スペアリブ … 300g（12本）
※鶏手羽先の先端を切り落とし、骨に沿って半分に
　切ったもの。

しょうが（せん切り）… 20g

	水 … 70㎖
A	しょうゆ、砂糖 … 各大さじ1・1/2
	酢 … 大さじ1

サラダ油 … 小さじ1

作り方

1 フライパンにサラダ油を入れて加熱し、鶏スペアリブを皮側を下にして並べる。中火にかけ、焼き色がついたら返し、全面に焼き色がつくまで8〜10分間焼く。

2 火を止め、フライパンに残った油を紙タオルで拭き取り、Aを加えて中火にかける。煮立ったら、肉の上下を返して、しょうがを全体にまんべんなくのせる。

3 落としぶたをして、汁けが少なくなるまで6〜8分間煮る。

食べ始めたら止まらない！
ご飯はもちろん、
おつまみにもオススメ

中国料理の定番"えびチリ"を
鶏むね肉を使ってアレンジ

鶏むね肉とアスパラのチリソース

レシピ考案・小田真規子さん

材料（2〜3人分）

鶏むね肉（皮を除く）… 250g

A
  しょうゆ … 小さじ2
  ごま油 … 小さじ1
  かたくり粉 … 大さじ2

グリーンアスパラガス（乱切り）… 4〜5本分

サラダ油 … 大さじ2

トマト（2cm角に切る）… 400g

B
  塩 … 小さじ1/2
  砂糖 … 大さじ2
  しょうゆ、豆板醤、酢 … 各小さじ1
  ごま油 … 小さじ2
  にんにく（すりおろす）… 1かけ分

作り方

1 鶏むね肉はラップをかぶせて厚い部分を中心にこぶしで30回たたく。ラップを除き、たて半分に切り、繊維を斜めに絶ち切るように1cm厚さに切る。

2 鶏むね肉をボウルに入れ、Aを加えて、よくもみこむ。

3 フライパンにサラダ油大さじ1を入れ、中火で加熱する。**2**、アスパラガスを入れ2分間動かさずに焼く。上下を返し、鶏むね肉の色が変わるまで炒めて、いったん取り出す。

4 フライパンにサラダ油大さじ1を入れ、トマトを広げて加え2分間焼く。トマトの形が崩れ始めたらBを加える。

5 火を強めの中火にして、3〜4分間混ぜながら半量になるまで煮詰める。**3**を戻し、からむまで混ぜ、火を止める。

初夏の筑前煮

レシピ考案・山脇りこさん

材料（2〜3人分）

鶏もも肉 … 180g（6切れ）

A | 塩 … 1つまみ
　 | 酒、酢 … 各小さじ1

植物油 … 小さじ2
※米油など香りのないもの。

トマト … 200g（1個）

塩 … 1つまみ

にんじん … 80g（1/2本）

きゅうり … 1本

新じゃがいも … 120g（1個）

新ごぼう … 80g

スナップえんどう … 60g（8本）

B | 水 … 大さじ3
　 | 酒、しょうゆ … 各大さじ2
　 | みりん、砂糖 … 各大さじ1

作り方

1 【下準備】鶏もも肉にフォークで穴をあけ、Aをもみ込んで10分間おく。トマトは1.5cm角に切り、塩をふって、2分間ほどおき、水けをきる。にんじんは皮をむいてひと口大の乱切りに、きゅうりはしまむきにして、ひと口大の乱切りにする。新じゃがいもはスプーンで皮をこそげ取り、ひと口大に切る。新ごぼうは皮をむいて乱切りにし、水にさらす。スナップえんどうは筋を除いて斜め半分に切る。

2 フライパンに植物油を入れて中火で加熱し、鶏もも肉の皮側を下にして、ふちがこんがりするまで焼いたら上下を返し、全体の色が変わるまで焼く。

3 トマト、新ごぼう、にんじん、きゅうり、新じゃがいもを加え、Bをまわし入れ、ふたをして10分間煮る。

4 ふたを外して2分間煮て、水分をとばす。

5 スナップえんどうを加えて全体を混ぜ、1分間煮る。火を止めて5〜10分間おいて冷ます。

トマトが溶けだして
さわやかなうま味を
感じられる

鶏肉と大根を蒸し煮にして
春雨に閉じ込めた

春雨入り！
鶏肉と大根のオイスターソース煮

レシピ考案・エダジュンさん

材料（2人分）

鶏もも肉（ひと口大に切る）… 300g（1枚）

塩 … 1つまみ

小麦粉 … 小さじ2

大根（1cm厚さの半月形に切る）… 200g

にんにく（薄切り）… 1かけ分

春雨（乾物）… 40g

ごま油 … 大さじ1

水 … 300mℓ

A｜ 酒 … 大さじ1
　　オイスターソース … 大さじ2
　　黒こしょう（粗びき）… 小さじ1

パクチー … 適量

作り方

1 鶏もも肉に塩をもみ込み、小麦粉をまぶす。

2 フライパンにごま油を入れ、にんにくを加え、弱めの中火で炒める。

3 香りがたったら中火にして、鶏もも肉を皮側から入れ、3分間焼く。にんにくは鶏もも肉の上にのせて焦がさないようにする。

4 鶏もも肉の上下を返して端に寄せる。空いたところに大根を入れ、軽く焼き色がついたら上下を返す。水を加えて煮立ったらA、春雨を入れ、ふたをして5分間煮込む。

5 ふたを取り、汁けがとぶまで炒める。器に盛り、パクチーを散らす。

里いもを甘麺醤、
豆板醤で煮込み
甘辛い味があとを引く

里芋と鶏肉のピリ辛煮

レシピ考案・今井 亮さん

材料（2人分）

里芋 … 300g

鶏もも肉 … 300g

ごま油 … 大さじ1/2

花椒（つぶす）… 20粒
<small>ホワジャオ</small>

A
- しょうが（みじん切り）… 1かけ分
- 甜麺醤 … 小さじ2
<small>テンメンジャン</small>
- 豆板醤 … 小さじ1/2

B
- 水 … 2カップ
- しょうゆ … 大さじ1・1/2
- 酒、砂糖 … 各大さじ1

ねぎ（5mm幅に切る）… 1/2本分

作り方

1 里いもは皮をむき、食べやすい大きさに切る。鶏もも肉は食べやすい大きさに切る。

2 フライパンにごま油を入れて加熱する。鶏もも肉を皮側を下にして入れて、焼き色がつくまで焼く。上下を返し、焼き色がつくまで焼く。

3 花椒とAを加えて炒める。香りがたったら里いもを加えて炒め合わせ、Bを加えて沸騰させる。アクが出たら取り除き、落としぶたをして中火で15分間煮る。

4 落としぶたを取り、ねぎを加えて、2〜3分間煮る。

子どもから大人までおいしくいただける
豆腐を丸ごと使ったヘルシーおかず

丸ごと豆腐の豚そぼろ煮

レシピ考案・本田ようーさん

材料（2〜3人分）

豆腐（絹ごしまたは木綿）… 350g（1丁）

A
水 … 1・1/2カップ
酒、しょうゆ、砂糖、みそ … 各大さじ1
チキンスープのもと（顆粒）… 小さじ1

豚ひき肉 … 150g

かたくり粉、ごま油 … 各大さじ1

細ねぎ（小口切り）… 30g

B
豆板醤、酢、しょうゆ … 各小さじ1
ごま油 … 大さじ1
砂糖 … 少々

作り方

1 フライパンにAを入れて混ぜて溶かし、豆腐を丸ごと入れて強めの中火で煮たたせる。中火にしてふたをし、揺らしながら5〜6分間煮る。

2 豚ひき肉とかたくり粉を混ぜ、**1**の火を止めて煮汁に散らす。

3 中火にかけて、軽く混ぜてなじませ、1分間煮たら、全体にごま油を回しかけ、1分間煮る。

4 **3**を器に盛り付ける。細ねぎをBと混ぜて添える。

モロッコ風ミートボールのトマト煮

レシピ考案・髙城順子さん

材料（2人分）

合いびき肉 … 200g

玉ねぎ（みじん切り）… 70g（1/3個分）

A
コリアンパウダー … 大さじ1/2
クミンパウダー、パプリカパウダー … 各小さじ1
塩 … 小さじ1/2
黒こしょう（粗びき）… 適量
にんにく（すりおろす）… 小さじ1/3
コリアンダー（みじん切り）… 大さじ1/2

にんにく（みじん切り）… 1かけ分

B
クミンパウダー、パプリカパウダー … 各小さじ1/4
塩 … 小さじ1/2弱
トマトの水煮（カットタイプ）… 300g

オリーブ油 … 大さじ1〜2

卵 … 2個

イタリアンパセリ、コリアンダー … 各適量

作り方

1 ボウルに合いびき肉、玉ねぎ、Aを入れ、粘りが出るまでよく練る。

2 1を直径3cm程度のボール状に丸める。これを12個作る。

3 フライパンにオリーブ油を入れて加熱し、中火で肉の表面の色が変わるまで転がしながら焼きかため、バットなどにいったん取り出す。

4 フライパンに、にんにくを入れて中火で炒める。香りがたってきたら、みじん切りにした玉ねぎ70g（分量外）を入れてしんなりさせ、Bを加えて混ぜる。3を戻して煮立ったら、ふたをして弱火にし、10分間煮る。

5 ふたを取って、ひと混ぜしたら卵を割り入れる。お好みの硬さになるまで中火にかける。

6 器に盛りつけ、コリアンダー、イタリアンパセリをのせる。

塩マーボー豆腐

レシピ考案・角田真秀さん

材料（2人分）

木綿豆腐 … 1/2丁

塩 … 適量

ごま油 … 大さじ1

ねぎ（みじん切り）… 10cm分

にんにく（みじん切り）… 1かけ分

合いびき肉 … 200g

ゆでたけのこ（5〜6cm長さの薄切り）… 100g

A
| 豆板醤 … 小さじ1
| 酒 … 大さじ1
| 水 … 150ml

水溶きかたくり粉 … 小さじ2
※かたくり粉を同量の水で溶いたもの。

作り方

1 豆腐の水けを拭き取り、塩をまぶす。紙タオルで包みラップをして冷蔵庫でひと晩おく。

2 **1**をひと口大に切る。

3 フライパンにごま油、ねぎ、にんにくを入れて、弱火にかける。香りがたったら、ひき肉を加え、強めの中火で炒める。

4 ひき肉の色が変わったら、たけのこを加え、炒める。Aを加え、ふたをして弱めの中火で2分間煮る。

5 水100ml（分量外）、**2**を加え、ふたをして弱めの中火で3分間煮る。

6 塩少々（分量外）を加える。火を止め、水溶きかたくり粉を加え、火をつけて、ひと煮立ちさせる。

あっさりとした味わいながら
コクのあるマーボー豆腐に

フライパンで絶品！
かれいの煮つけ

レシピ考案・小林まさみさん

材料（2人分）

かれい（切り身）… 250g（2切れ）

A
- 水 … 3/4カップ
- しょうゆ、酒 … 各大さじ3
- みりん、砂糖 … 各大さじ2

しょうが（薄切り）… 10g（1かけ分）

豆腐 … 150g（1/2丁分）

作り方

1 かれいの水けを取り、皮のぬめりを包丁でこそげとり、皮側に切り込みを入れる。

2 フライパン（直径24cmほど）にAを入れて強めの中火でひと煮立ちさせる。

3 1を入れ、しょうがを散らす。スプーンなどで煮汁を数回かけてから、ふたをして弱火で7〜8分間煮る。

4 4等分に切った豆腐を加え、強めの中火にして煮汁をスプーンなどでかけながら、トロッとするまで4〜5分間煮る。

身がトロリとするまで煮込み
濃いめのこっくり味で
ご飯がすすむ

あさりと豚肉の蒸し煮

レシピ考案・吉田 愛さん

材料（2人分）

あさり（砂抜きしたもの）… 120g

豚こま切れ肉 … 150g

じゃがいも … 200g（1個）

にんにく（みじん切り）… 1かけ分

ごま油 … 大さじ1/2

酒 … 大さじ3

しょうゆ … 小さじ1

みつば（2cm幅に切ったもの）… 適量

作り方

1 あさりは殻をこすり合わせてよく洗う。じゃがいもは皮をむき ひと口大に切り、水にくぐらせて耐熱皿にのせる。ふんわりと ラップをして電子レンジ（600W）に3分間かける。

2 フライパンにごま油、にんにくを入れて弱めの中火で加熱する。

3 香りがたったら、豚肉を入れて中火にし、肉の色が変わるまで 炒める。1を加えて酒を回しかけ、ふたをして、あさりが開く まで蒸し煮にする。

4 しょうゆを加え、味をみて足りないようなら、塩少々（分量外） を加える。

5 器に盛り、みつばをのせる。

おろしにんにく、
とうがらしを加えた
調味料で韓国料理風に

さばとなすのピリ辛みそ煮

レシピ考案・コン・チュリョンさん

材料（4人分）

さば（切り身）… 4切れ
なす … 250g（3個）
ごま油 … 小さじ2

A
	みそ、しょうゆ … 各大さじ3
	砂糖、みりん … 各大さじ2
	おろしにんにく … 小さじ1
	粗びきとうがらし … 小さじ1

しょうが（薄切り）… 1かけ分
水 … 150mℓ

作り方

1. さばの皮に十字の切り込みを入れる。

2. なすはヘタを取り、皮をむいてたて半分に切る。さらにたて3〜4等分に切る。

3. フライパン、あるいは浅めの鍋にごま油を入れて中火で加熱し、**1**を皮側を上にして並べる。

4. 混ぜ合わせた**A**を入れて、しょうがをさばの上にのせる。沸々してきたら水を加え、ふたをして強火で煮る。

5. 煮立ったら弱火にして、2分間煮る。

6. **2**を加えてふたをし、5分間煮る。途中で煮汁を回しかける。

7. 器に盛りつけ、煮汁をかける。

甘辛いしっかりとした味付けで
ご飯がすすむ一品に！

さんまとれんこんの甘辛煮

レシピ考案・今井 亮さん

材料（2人分）

さんま … 2匹

れんこん … 150g

しょうが（せん切り）… 2かけ分

にんにく（みじん切り）… 1/2かけ分

A
八角 … 1個
だし … 1カップ
しょうゆ、みりん … 各大さじ1
砂糖 … 大さじ1/2
オイスターソース、ごま油 … 各小さじ1
豆板醤（トウバンジャン）… 小さじ1/2

作り方

1 さんまはワタ、頭、尾を取り除き、骨ごと4等分に切る。れんこんは皮をむいて7〜8mm厚さのいちょう形に切り、サッと水洗いをして水けを取る。

2 フライパンにAを入れて煮立たせる。**1**、しょうが半量、にんにくを入れ、落としぶたをして弱火で10分間煮る。5分ほどたったら、さんまの上下を返す。

3 **2**のさんまを器に盛る。火を強めて、煮汁を30秒間、煮詰める。

4 さんまに煮汁をかけ、しょうが半量をのせる。

韓国風チーズ餅で ロゼトッポギ

レシピ考案・藤井 恵さん

材料（2人分）

ライスペーパー … 8枚

スライスチーズ … 4枚

すりごま（白）… 大さじ3

A
| コチュジャン … 大さじ1/2
| しょうゆ、砂糖 … 各小さじ1
| にんにく（すりおろす）… 小さじ1/2

煮干しだし、牛乳 … 各1/2カップ

ごま油 … 小さじ1

細ねぎ（小口切り）… 適量

作り方

1 ライスペーパー1枚を軽く水につけ、まな板にのせる。スライスチーズをライスペーパーの手前中央におき、すりごまをふりかける。

2 もう1枚のライスペーパーをやわらかくなるまで水につけて、**1**に重ねる。

3 ライスペーパーの左右を折り返し、手前から奥へ、細長いスティック状に巻く。5分間おいてなじませる。

4 フライパンに**A**を入れる。煮干しだしを少しずつ加えて溶かしながら混ぜる。

5 牛乳を入れ、中火にかけて煮立たせる。煮立ったら**3**を入れ、混ぜながら4分間煮る。

6 ごま油を加えてサッと混ぜたら、器に盛りつける。細ねぎを散らす。

ライスペーパーを"トッポギ"風におつまみ、子どものおやつにもピッタリ

第 3 章

麺・ご飯のレシピ

ひと皿でしっかり満足感

ひと皿でもしっかり満足感が得られる、ご飯、
麺類。定番のカレーライス、炊き込みご飯から
ナシゴレン、パエリアなどの多国籍料理まで、
幅広いレシピをご紹介します。手軽にできて、
おいしいレシピが満載です。

新れんこんの
鶏そぼろ混ぜご飯

レシピ考案・斉藤辰夫さん

材料（2人分）

新れんこん … 150g

鶏ひき肉 … 130g

にんじん … 40g（1/5本）

油揚げ … 1枚

サラダ油 … 小さじ1

A
しょうゆ … 大さじ2
みりん … 大さじ1
砂糖 … 小さじ2

昆布茶 … 小さじ1

ご飯 … 360ml（2合）

青のり粉 … 適量

作り方

1 れんこんは薄めのいちょう切りにして、水にさらして紙タオルで水けをきる。にんじん、油揚げは細切りにする。

2 フライパンにサラダ油を入れて中火で加熱し、鶏ひき肉を加えて炒める。肉の色が変わったら、**1**を入れる。れんこんが透明になってきたら、**A**を加えて軽く煮詰める。

3 昆布茶を加えてサッと炒める。

4 ボウルなどにご飯を入れ、**3**を加えて全体をよく混ぜ合わせる。器に盛り、青のり粉をふる。

新れんこん、鶏ひき肉を
調味料で甘辛く炒めた混ぜご飯

ねぎと溶き卵の
シンプルなチャーハンに
熱々のあんをかけて…

豚肉と白菜のあんかけチャーハン

レシピ考案・藤井 恵さん

材料（2人分）

豚切り落とし肉 … 100g

A 塩こうじ … 大さじ1・1/2
しょうが（すりおろす）… 1かけ分

白菜 … 200g

細ねぎ（小口切り）… 6本

ご飯 … 200g

溶き卵 … 2個分

塩こうじ … 小さじ1

水 … 1・1/4カップ

B 片栗粉 … 大さじ1
水 … 大さじ2

サラダ油 … 大さじ2

ごま油 … 小さじ1

黒こしょう（粗びき）… 適量

作り方

1 豚肉は食べやすい大きさに手でちぎり、Aをもみこむ。白菜は横半分に切り、葉先に近い部分は3cm四方に、根もとに近い部分はみじん切りにする。

2 ボウルに卵、塩こうじ、根もと側の細ねぎを加えて混ぜる。

3 フライパンに、**1**のみじん切りにした白菜を入れ、強めの中火で1〜2分間炒める。しんなりとして水分が飛んだら、いったん取り出す。

4 サラダ油を入れて加熱し、**2**を加える。ひと混ぜしたら、ご飯を入れて炒める。

5 卵とご飯がなじんだら、白菜を戻し入れて炒める。パラパラになったら、器に盛る。

6 フライパンに、**1**の豚肉を入れて強めの中火で炒める。肉の色が変わったら、**1**の3cm四方に切った白菜、黒こしょうを加えてサッと炒め、水を加えて2〜3分間煮る。

7 味見をして、塩こうじ（分量外）で調整する。いったん火を止め、Bを加えてよく混ぜる。

8 火にかけ、とろみがついたらごま油を加えて混ぜる。

9 **8**を**5**にかけ、葉先側の細ねぎを散らす。

豚バラ照り焼き丼

レシピ考案・山本麗子さん

材料（2人分）

豚バラ肉 … 300g

キャベツ … 250〜300g（7〜8枚）

塩、こしょう … 各少々

サラダ油 … 大さじ1

酒、砂糖、しょうゆ … 各大さじ1・1/2

ご飯 … 適量

作り方

1 豚バラ肉を肉の繊維を断つように3〜4mm厚さの薄切りにし、片面に塩、こしょうを振る。キャベツは2〜3mm幅のせん切りにして、水で洗い、水けを切る。

2 フライパンにサラダ油を入れ、強めの中火で加熱する。豚肉が重ならないように広げ入れ、両面が焼けたら、酒、砂糖を加えて水分が少なくなるまで煮詰める。

3 しょうゆを加えて、たれにつやが出るまで煮詰める。

4 器にご飯を盛り、キャベツ、**3**の順にのせ、たれをかける。

たっぷりの豚肉にレモンの酸味が効いた
ボリューム感のある丼ぶり飯

ねぎ塩アボカドだれの豚丼

レシピ考案・緑川鮎香さん

材料（2人分）

豚肩ロース（しゃぶしゃぶ用）… 200g

アボカド … 1個

A
　白ねぎ（みじん切り）… 50g（1/2本分）
　ごま油 … 大さじ1
　レモン汁 … 大さじ1

B
　にんにく（すりおろし）… 小さじ1/2
　酒 … 大さじ1

ご飯 … 適量

レモン（8等分のくし形）… 2個

白ごま … 適量

ごま油 … 大さじ1/2

作り方

1 アボカドは皮をむいて種を除き、1cmの角切りにする。

2 ボウルに、A、塩小さじ1/4と黒こしょう（分量外）適量を入れてよく混ぜる。1を加えてサッとあえる。

3 フライパンにごま油を入れて中火で加熱し、豚肉を炒める。色が変わったら、B、塩小さじ1/3（分量外）を回し入れ、水分が飛ぶまで炒める。味を見て塩と黒こしょう（分量外）で調整する。

4 器にご飯を盛り、3をのせ、2を適量かける。レモンを添え、白ごまをふる。

大きめに切ったゴロゴロ食材を
牛乳のやさしい味わいで仕上げた

さけと新じゃがのミルクゴハン

レシピ考案・舘野鏡子さん

材料（2合分）

甘塩ざけ（切り身）… 2切れ

酒、こしょう … 各少々

新じゃがいも … 200g（2個）

米（洗って30分おく）… 360mℓ（2合）

A
牛乳 … 200mℓ
水 … 200mℓ
酒、しょうゆ … 各大さじ1
チキンスープのもと（顆粒）、塩
… 各小さじ1/4

にんにく（薄切り）… 1かけ分

バター … 大さじ1

グリーンアスパラガス … 3〜4本

細ねぎ（小口切り）、黒こしょう（あらびき）
… 各少々

作り方

1 さけは骨を除き、ひと口大に切って、酒、こしょうをふる。新じゃがいもはたわしで洗って皮ごと1.5cm角に切る。アスパラガスは下ゆでして、1cm長さに切る。

2 炊飯器の内釜に米を入れて、Aを入れてよく混ぜる。

3 1のさけ、新じゃがいもをのせて平らにならし、にんにく、バターをのせて、炊飯器の「早炊きモード」で炊く。
※「早炊きモード」がなければ「通常モード」で炊く。

4 炊き上がったら、さけと新じゃがいもを取り出す。

5 4のご飯にアスパラガスを加えて混ぜて、器に盛る。さけと新じゃがをのせ、細ねぎ、黒こしょうをふる。

揚げない！卵とじ天丼

レシピ考案・近藤幸子さん

材料（2人分）

むきえび … 150g

ねぎ … 1/2本

揚げ玉 … 25g

A ┃ めんつゆ（4倍濃縮）… 大さじ2
　 ┃ 水 … 100mℓ

溶き卵 … 2個分

ご飯、みつば … 適量

作り方

1 えびは背中に切り込みを入れて背わたを取る。ねぎは7mm幅の斜め切りにする。

2 フライパンにAを入れて火にかける。沸騰したら**1**を加え、ふたをして中火で2〜3分間煮る。

3 揚げ玉、溶き卵を加え、みつばを散らし、ふたをして弱火で1分間煮る。

4 ご飯を器に盛り、**3**をのせる。

油で揚げず、ヘルシーな"天ぷら"風に仕上げた

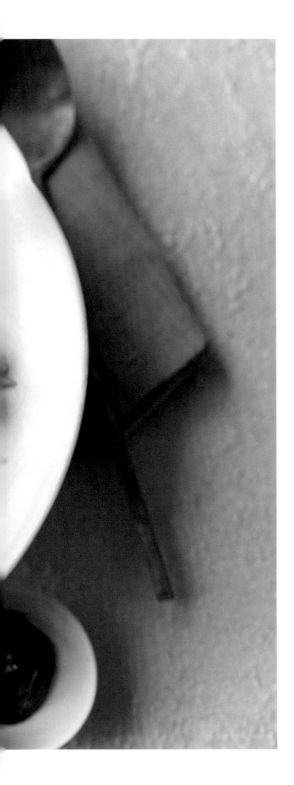

高野豆腐の
和風ビビンバ

レシピ考案・満留邦子さん

材料
(そぼろ:作りやすい分量、ビビンバ:2人分)

高野豆腐 … 50g（3個）

A
| みそ、砂糖、酒 … 各大さじ1
| しょうゆ、みりん … 各小さじ2
| 鶏がらスープの素 … 小さじ1

サラダ油 … 大さじ1/2

にんにく（みじん切り）、しょうが（みじん切り）
　　… 各1/2かけ分

小松菜 … 100g

豆もやし … 80g

にんじん … 20g

B
| ごま油 … 大さじ1/2
| 塩 … 2つまみ
| 白ごま … 小さじ1

ご飯 … 茶碗2杯

コチュジャン … お好みで

作り方

1 鍋に深さ3〜4cm分の湯（分量外）を沸かし、高野豆腐を入れて火を止める。膨らんできたら上下を返し、ふたをして3〜4分間おく。

2 ざるにあげて湯を切り、鍋に戻してフォークやマッシャーで細かく崩す。

3 フライパンにサラダ油を入れて中火で加熱し、にんにく、しょうがを入れてサッと炒める。**2**、Aを加えて、混ぜながら8〜10分間汁けがなくなるまで煮詰める。

4 粗熱を取り、保存容器に入れる。
※冷蔵庫で3日間保存可能。

5 小松菜は根もとを切り、3〜4cm長さに切る。豆もやしはひげ根を取る。にんじんは3〜4cm長さの細切りにする。

6 耐熱皿に入れ、ふんわりとラップをして電子レンジ（600W）に2分30秒間かける。ラップを外して粗熱を取り、水けをしぼる。

7 Bを加えてあえる。

8 ご飯を器に盛る。**7**、**4**を半量ほどのせる。コチュジャンを添える。

野菜とそぼろをご飯にのせた
栄養バランスのいい
｜ビビンバ｜

67

しょうゆ、酒、砂糖、ごま油、にんにくなどの調味料が味の決め手

牛肉と豆もやしの
炊き込みご飯

レシピ考案・コウケンテツさん

材料（2〜3人分）

米 … 360g（2合）

豆もやし … 100g

牛切り落とし肉 … 150g

A
| しょうゆ … 大さじ2
| 酒、ごま油 … 各大さじ1
| 砂糖 … 小さじ1
| にんにく（すりおろす）… 1かけ分

塩 … 小さじ1/3

わけぎ（小口切り）… 適量

作り方

1 ボウルにAを入れて混ぜ合わせ、牛肉を加えてよくもみ込む。

2 炊飯器の内釜に米を入れ、**1**の調味料、塩を加えて、混ぜ合わせる。

3 2合の目盛りまで水（分量外）を入れ、**1**の牛肉、豆もやしの順に入れて炊く。

4 器に盛り、わけぎをのせる。

手軽にサッと作れて
お酒のシメや夜食に
おすすめのひと品

鯛茶漬け

レシピ考案・瀬尾幸子さん

材料（1人分）

たい（刺身用）… 50g

A
| しょうゆ … 大さじ1
| 白ごま（すりおろす）… 大さじ1・1/2

ご飯 … 茶碗1杯分

湯、粉ざんしょう、細ねぎ（小口切り）
　… 各適量

作り方

1 ボウルに、たいとAを入れ、混ぜ合わせる。

2 ご飯に**1**のたいをのせ、残りのたれをかけて、湯を
かける。

3 粉ざんしょう、細ねぎを散らす。

ほうれんそうをたっぷり使い
半熟卵を落とした、熱々リゾット

ほうれんそうとベーコンの
落とし卵リゾット

レシピ考案・上田淳子さん

材料（2人分）

ほうれんそう … 150g

バター … 15g

A | 玉ねぎ（みじん切り）… 1/4個分
　 | ベーコン（7mm角の拍子木切り）… 100g

米 … 180g（1合）

白ワイン … 50㎖

水 … 500㎖

塩 … 小さじ1/4

パルメザンチーズ … 大さじ2

卵 … 2個

こしょう（粗びき）… お好みで

作り方

1 ほうれんそうは軽くゆでて、3cm長さに切る。

2 フライパンにバターを入れて弱火で溶かしたら、Aを入れて玉ねぎがしんなりするまで炒める。米は洗わずに加え、油をまとわせるように1分間炒める。

3 白ワインを加え、強めの中火にして水分をとばし、水の半量（250㎖）、塩を加えて煮立たせる。全体を軽く混ぜて、弱めの中火で6〜7分間、水分がほぼなくなるまで煮る。

4 2に、1、残りの水（250㎖）を加え、ザックリと混ぜ、強めの中火で煮立てたら、弱めの中火にして、6〜7分間煮る。

5 パルメザンチーズを加えて混ぜ、塩、こしょう（分量外）を加える。卵を割り入れ、ふたをして火を強め、卵を半熟に仕上げる。器に盛り、粗びきのこしょうをふる。

大根をふんだんに使って
ヘルシーに仕上げたドリア

大根の和風ドリア

レシピ考案・舘野鏡子さん

材料（2〜3人分）

大根 … 300g

ベーコン … 30g

エリンギ … 50g

バター … 小さじ2

A
水 … 1カップ
削り節 … 1つまみ
チキンスープのもと（顆粒）、塩 … 小さじ1/2

牛乳 … 250㎖

薄力粉 … 20g

ご飯 … 300g

B
しょうゆ、塩、黒こしょう（粗びき） … 各少々
バター … 小さじ1

ピザ用チーズ … 50g

作り方

1 大根は皮をむき、5mm幅の細切りにしてから半分に切り、3〜4cm長さにする。エリンギは5mm幅の細切りにし、3〜4cm長さに切る。ベーコンは5mm幅に切る。

2 フライパンにバターを入れて中火で加熱する。ベーコンを入れ、サッと炒める。大根、エリンギを加えて全体を炒める。

3 Aを加えてひと混ぜし、ふたをして弱めの中火で7〜8分間、大根がやわらかくなるまで蒸し煮にする。

4 ボウルに薄力粉を入れ、牛乳を少しずつ加えてしっかり溶く。

5 フライパンに4を加え、ヘラで混ぜながら中火で1分間、とろみがつくまで煮る。

6 ボウルに温かいご飯を入れる。Bを加えてサックリ混ぜ、グラタン皿に平らにしく。

7 6に5をかけ、ピザ用チーズを散らし、オーブントースターに入れる。1000Wで4〜5分間、表面に焼き色がつくまで焼く。

ネパールのそばがき「ディド」と豆カレー

レシピ考案・荻野恭子さん

材料（2人分）

パンダ豆（乾物）… 50g
※ひよこ豆、レンズ豆、大豆などでも可。水煮缶を使う場合は、豆100g、水2カップにする。

水 … 4カップ

サラダ油 … 大さじ2

A | クミンシード … 小さじ1/2
A | とうがらし … 1本
A | ローリエ … 1枚

玉ねぎ（みじん切り）… 1/2個分

B | にんにく（みじん切り）、しょうが（みじん切り）… 各1かけ分
B | ちりめんじゃこ … 15g

カレー粉 … 大さじ1/2

そば粉 … 50g

湯 … 1カップ

バター … 大さじ1

作り方

1 鍋にパンダ豆、水を入れ、弱めの中火で40〜50分間煮る。

2 フライパンにサラダ油を入れて弱火で加熱する。A、玉ねぎを加えて、しんなりするまで炒める。

3 Bを加えて、玉ねぎが色づくまで炒める。

4 1に3、カレー粉を加えて、弱めの中火で10分間煮る。塩（分量外）で味を調える。

5 別のフライパンにそば粉を入れ、中火で香ばしくなるまで炒める。

6 湯を入れて全体を混ぜる。バターを加えて弱火にし、もったりするまで練る。粗熱が取れたら、食べやすい大きさに成形する。

7 4を器に盛り、6を添える。
※お好みでご飯と一緒に食べてもOK。

豆を煮込んだカレーをネパールの主食である「ディド」でいただく

カレーとクリームシチューを
合わせたようなクリーミーさ！

クリーミーチキンカレー

レシピ考案・渡辺あきこさん

材料（2人分）

鶏もも肉（2〜3cm角に切る）… 150g

新玉ねぎ（みじん切り）… 150g

にんにく（みじん切り）… 1かけ分

マッシュルーム（たて半分に切り、5mm厚さに切る）
… 6個分

トマトケチャップ … 小さじ2

A
　カレー粉 … 大さじ1・1/3
　コリアンダーパウダー … 小さじ1
　水 … 大さじ2

バター … 15g

小麦粉 … 大さじ2

牛乳 … 150ml

サラダ油 … 大さじ1

塩…小さじ1弱

ご飯 … 300g

作り方

1 フライパンにサラダ油を入れて加熱し、玉ねぎを加えて、サッと炒めてふたをする。弱めの中火で5分間蒸し焼きにする。

2 にんにく、マッシュルームを加えて、中火でしんなりするまで炒める。

3 鶏肉を加えて白っぽくなるまで炒めたら、トマトケチャップを加えてさらに炒める。

4 A、水300ml（分量外）を加えて、ふたをして弱火で10分間煮る。

5 鍋にバター入れて中火で溶かし、火を止める。小麦粉を加えて、よく混ぜ合わせる。弱火にかけて炒め、温めた牛乳を少しずつ加え、とろみがつくまで混ぜる。

6 5に4の煮汁を2杯ほど加えて、混ぜ合わせる。混ざったら残りをすべて入れ、全体を混ぜて、塩を加える。

7 ご飯を器に盛り、6をかける。

ナシゴレン

レシピ考案・荻野恭子さん

彩り豊かな食材を炒め合わせた
エスニックチャーハン

材料（2人分）

A
- 紫玉ねぎ（みじん切り）… 30g
- トマト（小）… 1/2個
- 干しえび（みじん切り）… 大さじ1
- にんにく（すりおろす）、しょうが（すりおろす）
  … 各1かけ分
- 青とうがらし（みじん切り）… 1〜3本分
- ナンプラー … 大さじ1
- カレー粉 … 小さじ1/2
- 砂糖、酢 … 各小さじ1
- 塩 … 少々
- 植物油（米油など香りのないもの）… 大さじ1

植物油 … 大さじ2
卵 … 2個
鶏もも肉（1.5cm角に切る）… 150g
紫玉ねぎ（1cm四方に切る）… 1/4個
ピーマン（1cm四方に切る）… 1個
ご飯（温かいもの）… 300g

作り方

1 ボウルにAを入れて混ぜ合わせる。

2 フライパンに植物油大さじ1を入れて弱火で加熱する。卵を割り入れ、目玉焼きを作り、いったん取り出しておく。

3 鶏肉に塩（分量外）をふる。

4 フライパンに植物油大さじ1を入れて中火で加熱する。**3**の鶏肉、紫玉ねぎ、ピーマンを入れて炒め合わせる。

5 全体に火がとおったら、ご飯を加えて炒め合わせる。**1**を加えて混ぜ炒め、器に盛って**2**の目玉焼きをのせる。

74

暑い季節におすすめの
スパイシーでさわやかな
炊き込みご飯

豚肉とアスパラの
スパイシーレモンライス

レシピ考案・堤 人美さん

材料（米2合分）

米 … 360㎖（2合）

豚肩ロース肉（1cm角に切る）… 150g（1枚）

こしょう … 少々

A
| カレー粉 … 小さじ2
| クミンシード … 小さじ1
| ローリエ（切り込みを入れる）… 3枚

トマトペースト … 大さじ1

ドライトマト（細切り）… 40g

グリーンアスパラガス … 4本

B
| 玉ねぎ（粗みじん切り）… 100g（1/2個分）
| にんにく（みじん切り）… 1/2かけ分

C
| レモン汁 … 45㎖（大さじ3）
| 水 … 370㎖

オリーブ油 … 大さじ1・1/2

作り方

1 米は洗ってざるに上げ、15分間おく。豚肉に塩小さじ1/4（分量外）、こしょうをふる。アスパラガスは根もとを除いて、硬い部分の皮をピーラーでむき、斜め薄切りにする。

2 フライパンにオリーブ油を加え、中火で**1**の豚肉を2分間炒める。

3 Aを加えて香りが出るまで炒め、Bを加えて2分半炒める。

4 トマトペーストを加え、炒める。

5 ドライトマト、**1**の米を加えて全体を混ぜるように炒める。

6 C、塩小さじ1/2（分量外）を加えてサッと混ぜ合わせる。ふたをして強めの中火にし、沸騰したら弱火にして15分間炊く。

7 炊き上がったら火を止める。**1**のアスパラガスを入れてふたをし、3分間ほど蒸らし、軽く混ぜ合わせて器に盛りつける。

野菜たっぷり！ 和風パエリア

レシピ考案・山脇りこさん

材料（2人分）

芽キャベツ（半分に切る）… 6個

スナップえんどう … 5〜6本

菜の花 … 80g

新じゃがいも … 150g（1〜2個）

ハム … 60g（4枚）

ごま油（白）… 小さじ4

米 … 180㎖（1合）

A
| 昆布水 … 200㎖
| 酒 … 大さじ2
| 塩 … 小さじ1

卵 … 1個

しょうゆ … 小さじ1/2

昆布水の作り方（作りやすい分量）

水500㎖に昆布20gを入れて8時間おく。
または、水500㎖と昆布20gを耐熱容器に
入れ、ラップをして電子レンジ（600W）に
2分30秒間かけ、粗熱が取れるまでおく。

作り方

1 フライパンにAを入れて火にかける。沸騰したらふたをして、中火で2〜3分間煮る。

2 別のフライパンにごま油小さじ2を入れて中火で加熱する。芽キャベツの断面を下にして入れ、焦げ目がつくまで焼く。

3 スナップえんどうは筋を取り除き、3本は半分に開き、3本は斜め薄切りにする。菜の花は花の部分と茎部分を切り分け、茎は1cm長さに切る。新じゃがいもは1cm角のサイコロ状に、ハムは7mm四方に切る。

4 フライパンにごま油小さじ2を入れて中火で加熱する。米を加えて炒め、少し透きとおってきたら、新じゃがいも、ハムを加え、なじむまで炒めて平らにならす。

5 4に菜の花の茎を散らし、1を加えて沸かす。沸いたら弱火にし、ふたをして11分間炊く。
※焦げないよう、においと音に注意して火加減を調整する。

6 ふたを外し、中央にくぼみを作り、卵を割り入れる。

7 スナップえんどう、菜の花、芽キャベツを並べ入れてふたをし、弱火で卵が半熟になるまで2分間加熱する。

8 フライパンのふちに、しょうゆを回し入れ、ふたをして1分間蒸らす。

フライパンパエリア

レシピ考案・しらいのりこさん

材料（3〜4人分）

鶏もも肉 … 700g（2本）

米（洗わない、無洗米でも可）… 360㎖（2合）

玉ねぎ … 100g（1/2個）

パプリカ（赤）… 75g（1/2個）

マッシュルーム … 50g（5個）

さやいんげん … 50g（5〜6本）

バター … 10g

にんにく（みじん切り）… 1かけ分

白ワイン … 大さじ2

塩 … 小さじ1

牛乳 … 1カップ

カレー粉 … 大さじ1

作り方

1 鶏もも肉は、塩小さじ1（分量外）をふり、10分間おく。さやいんげんはヘタを切り落とし1㎝幅に切る。パプリカはヘタと種を取り除き、1㎝四方に切る。玉ねぎはみじん切りに、マッシュルームは薄切りにする。

2 フライパンに**1**の鶏もも肉の皮側を下にして入れ、強めの中火で焼き目がつくまで3分間焼く。

3 いったん鶏もも肉を取り出す。フライパンにバター、にんにく、すべての野菜を入れて、玉ねぎがしんなりするまで炒める。

4 米、白ワイン、カレー粉を加えて全体になじませたら、牛乳、水1カップ（分量外）、塩を加えてサッと混ぜる。沸騰したら、**2**の鶏もも肉を戻し入れ、ふたをして弱火で14分間炊く。

5 火を止めて10分間蒸らす。

6 お好みで、鶏もも肉を取り出して骨を取り除き、肉をほぐす。ほぐした肉を戻し、全体をサッと混ぜる。

フライパンごと食卓にのせて
手軽に華やかさを演出！

春野菜たっぷりのかき揚げに
甘みが特徴のだしをかけた

春野菜のかき揚げ丼

レシピ考案・杵島直美さん

材料（2人分）

にんじん（3mm角の細切り）… 20g

新玉ねぎ（3mm幅の細切り）… 40g

グリーンアスパラ（4cm長さに切り、四つ割り）… 1本

れんこん（6〜7cm角の細切り）… 30g

ちくわ（長さを半分にして細切り）… 1本

溶き卵 … 大さじ2（1/2個分）

冷水 … 大さじ4

小麦粉 … 40g

油 … 適量

A ┃ だし … 100㎖
　┃ しょうゆ、みりん … 各大さじ2
　┃ 砂糖 … 大さじ1/2

ご飯 … 400〜500g

作り方

1 溶き卵に冷水、小麦粉を加え、サッと混ぜる。

2 すべての野菜、ちくわを加えて、サッと混ぜる。

3 **2**を4等分にする。おたまに取り、170度に熱した油に滑り込ませ、油をすくいかけながら3分間揚げ焼きにする。

4 Aを鍋に入れ、中火で2〜3分間煮詰める。

5 **3**を引き上げ、油をきって**4**に入れる。

6 器にご飯を盛り、かき揚げをのせてたれを回しかける。

材料（2人分）

セロリ（葉と細い軸の部分）… 2本分

いかの塩辛 … 60g

にんにく（みじん切り）… 1かけ分

塩、黒こしょう（粗びき）… 少々

バター … 12g

サラダ油 … 小さじ2

ご飯 … 400g

しょうゆ … 少々

七味とうがらし … お好みで

作り方

1 セロリは半分に切り、葉部分はザク切り、軸部分は粗めのみじん切りにする。

2 フライパンにサラダ油、バターを入れ、中火で焦がさないように加熱する。にんにく、**1**を入れて炒める。

3 香りがたったら、いかの塩辛を加えて炒める。

4 ご飯を加え、強めの中火にして全体を炒め合わせる。塩、黒こしょうをふり、しょうゆを回しかけて炒めたら、器に盛って七味とうがらしをふる。

いかの塩辛を使って
うまみを引き出し、味に深みを加えた

セロリといかの
塩辛チャーハン

レシピ考案・瀬尾幸子さん

みその香ばしさと
たっぷりのねぎの相性は抜群！

ねぎみそおにぎり

レシピ考案・Makoさん

材料（2個分）

ご飯 … 300g

細ねぎ（小口切り）… 10g

みそ … 大さじ1

砂糖 … 小さじ1

作り方

1 ボウルにみそ、砂糖を入れて混ぜ合わせる。

2 アルミホイルに広げ、オーブントースターで表面に焼き色がつくまで焼く。

3 ご飯でおにぎりを握り、片面に**2**を塗り、細ねぎをつける。

材料（2人分）

もち米 … 120g

鶏むね肉（皮なし）… 300g（1枚）

A
| 昆布（20cm長さに切る）… 1枚
| 干ししいたけ … 1枚
| 黒こしょう（粒）… 4粒
| ローリエ … 1/2枚
| 干しなつめ … 2個

B
| にんじん（みじん切り）… 1/2本分
| 生しいたけ（みじん切り）… 2枚分
| ズッキーニ（みじん切り）… 1/2本分
| ねぎ（みじん切り）… 1/3本分
| にんにく（すりおろす）… 小さじ1
| しょうゆ … 小さじ1

ごま油 … 小さじ1

塩、黒こしょう（粗びき）… 各小さじ1/2

松の実、貝割れ菜 … 各お好みで

作り方

1 鍋に鶏肉、A、水1ℓ（分量外）を入れて中火で加熱する。煮立ったらふたをして、20分間煮る。

2 鶏肉は粗熱が取れたら食べやすい大きさに裂いておく。

3 **1**のだし、もち米、（だしをとってみじん切りにした）干ししいたけ、Bを入れて中火で加熱する。煮立ったら弱火にし、ふたをして20分間煮込む。

4 器に盛り、ごま油、塩、黒こしょうを入れる。**2**の鶏肉、（だしをとって細切りにした）干しなつめをのせ、松の実と貝割れ菜を添える。

季節の変わり目におすすめ
体にやさしい具だくさんのおかゆ

鶏肉入り
サムゲタン風おかゆ

レシピ考案・ファン・インソンさん

旬の新しょうがと新玉ねぎを炊き込む
さわやかな味わいのご飯

新しょうがの
炊き込みご飯

レシピ考案・山脇りこさん

材料（2〜3人分）

新しょうが … 40g

新玉ねぎ … 180g（1個）

ピーナッツ（味付きのもの。
　塩味でもバターピーナッツでもOK）… 15粒

米 … 360ml（2合）

水 … 270ml

A｜塩、酢 … 各小さじ1
　｜酒 … 小さじ2

木の芽 … お好みで

作り方

1　新しょうがは薄切りに、新玉ねぎは繊維を断つように薄切りにする。ピーナッツは半分に割る。

2　炊飯器の内釜に、米、水、Aを入れてサックリと混ぜ、**1**をのせて炊く。

3　炊き上がったら底から全体を混ぜる。器に盛って、木の芽をのせる。

お祝いの日にいただく
長崎県の五島列島の郷土料理

ハレの日の
混ぜごはん

レシピ考案・山脇りこさん

材料（3〜4人分）

ごぼう … 50g

にんじん … 80g

れんこん … 80g

干ししいたけ … 10g（3枚）

さつま揚げ … 50g（1枚）

A｜酒 … 大さじ3
　｜しょうゆ、砂糖 … 各大さじ2
　｜酢、干ししいたけの戻し汁 … 大さじ1

ご飯 … 2合分

B｜のり（刻む）、みつば（刻む）… 各お好みで

作り方

1　【下準備】ごぼうは皮をむき、横4cm幅に切り、2〜3分間水にさらす。水けをきり、たてに4等分に切り、3〜4mm幅の角切りにする。にんじん、れんこんは皮をむいて3〜4mm角に切る。干ししいたけは300mlの水にひと晩つけ、石づきを除き、3〜4mm角に切る。さつま揚げは5mm角に切る。

2　鍋に**1**を入れ、Aを加えて混ぜ、2〜3分間おいて野菜の水分を出す。

3　水分が出たら、弱めの中火にかけ、沸いたら弱火にする。焦がさないように汁けがなくなるまで煮る。

4　ご飯に加えてサックリと混ぜ、器に盛り、Bを散らす。

韓国料理に欠かせない「ヤンニョム」風の
万能だれがアクセントに

ピリ辛薬味だれで
豆もやしご飯

レシピ考案・夏梅美智子さん

材料（2合分）

米 … 2合

豆もやし … 1袋

細ねぎ（小口切り）… 2本分

青じそ（1cm四方に切る）… 5枚分

A
| しょうゆ … 大さじ3
| みりん、ごま油、すりごま … 各大さじ1
| 砂糖 … 小さじ1
| 塩、こしょう … 各少々
| 一味とうがらし、にんにく（すりおろす）
| … 各小さじ1/4
| しょうが（みじん切り）… 大さじ1
| ねぎ（みじん切り）… 10g

作り方

1 米は洗って炊飯器に入れる。2合の目盛りまで水を入れ、大さじ1だけ水を減らす。豆もやしを入れて炊く。

2 ボウルに細ねぎ、青じそ、Aを入れて、混ぜ合わせる。

3 1を器に盛り、2をかける。

素朴でやさしい味わいが
ほっこりとした里いもを引き立てる

里芋の
炊き込みごはん

レシピ考案・今泉久美さん

材料（4人分）

米（洗ってラップをかけ、30分おく）… 360ml（2合）

里いも … 大3〜4個（360g）

油揚げ … 1/2枚

ちりめんじゃこ … 大さじ4

しょうが（みじん切り）… 1かけ分

A
| 酒 … 大さじ2
| みりん、しょうゆ … 各大さじ1

赤じそふりかけ … お好みで

作り方

1 里いもは皮をむいてひと口大に切る。ボウルに入れ、塩小さじ1/2（分量外）を加えてよくもみ、洗って、水けをきる。油揚げは熱湯（分量外）をかけ、粗熱が取れたら紙タオルで水けを取り、5mm四方に切る。

2 炊飯器の内釜に米、Aを入れる。少し多めに水（分量外）を入れて混ぜ、1、ちりめんじゃこ、しょうがを加えて炊く。

3 全体をサッと混ぜて器に盛り、赤じそふりかけをかける。

いわしのしょうゆ煮パスタ

レシピ考案・牛尾理恵さん

材料（2人分）

スパゲッティ（ゆで時間が7分のもの）
　… 200g

水 … 500㎖

いわしのしょうゆ煮（缶詰め）
　… 150g（1缶分）

A
わけぎ（小口切り）… 20g
バター … 20g
練りわさび … 小さじ1
こしょう … 少々
塩 … 1〜2つまみ

刻みのり … 適量

作り方

1 スパゲッティは半分に折り、フライパンに重ね入れる。水、いわしのしょうゆ煮を汁ごと加え、ふたをして強めの中火で加熱する。

2 沸騰したらふたを外し、混ぜながら加熱する。

3 汁けがなくなるまで加熱し、Aを加えて全体を混ぜ合わせる。器に盛り、刻みのりをのせる。

フライパン1つで作るお手軽和風パスタ！

仕上げにかけるカッテージチーズで
ワンランクアップの演出

ごちそうナポリタン

レシピ考案・コウケンテツさん

材料（2人分）

スパゲッティ（太さ1.9mm）… 160g

塩 … 大さじ1

マヨネーズ … 大さじ2

玉ねぎ（薄切り）… 1/2個分

ベーコン（太めの棒状に切る）… 80g

マッシュルーム（ちぎる）… 2〜3個分

ブロッコリー（小房に分ける）… 60g（1/4個分）

サラダ油 … 大さじ1/2〜1

A
 トマトの水煮缶（缶詰め）… 200g（1/2缶分）
 トマトケチャップ … 大さじ4
 ウスターソース … 大さじ1
 砂糖 … 小さじ1/2

バター … 10g

粉チーズ … 大さじ2

カッテージチーズ（粒タイプ）… 適量

作り方

1 湯1.5ℓ（分量外）を沸かして塩を加え、袋の表示より1分間長めにスパゲッティをゆでる。途中、ブロッコリーを入れて2分間ゆで、取り出す。

2 フライパンにサラダ油を入れて加熱する。ベーコン、玉ねぎ、マッシュルームを入れて中火で炒める。

3 玉ねぎに透明感が出てきたら、Aを加えて、とろみがつくまで煮詰める。

4 **1**のスパゲッティの水けをきってボウルに入れ、マヨネーズを加えてからめる。

5 **4**を**3**に加えて、全体を混ぜ合わせる。

6 バターを加えてからめ、粉チーズ、**1**のブロッコリーを入れて混ぜ合わせる。

7 器に盛り、カッテージチーズを散らす。

春野菜たっぷり焼きそば

レシピ考案・今井 亮さん

材料（2人分）

中華麺（焼きそば用）… 2玉

豚切り落とし肉 … 100g

スナップえんどう（筋を取り、半分に切る）
　　… 10本

たけのこ（ゆでたもの／5〜6mm厚さに切る）
　　… 150g

ねぎ（斜め薄切り）… 1/2本

A｜オイスターソース … 大さじ1・1/2
　｜しょうゆ、酒 … 各大さじ1
　｜砂糖 … 小さじ1

バター … 10g

サラダ油 … 大さじ1・1/2

作り方

1 中華麺は耐熱皿に入れ、ラップをして電子レンジ（600W）に1分30秒間かける。

2 フライパンにサラダ油大さじ1を入れて強めの中火で加熱し、**1**を入れる。両面に焼き色がつくまで3〜4分間、フライ返しで押しつけながら焼く。焼き色がついたら、麺をほぐす。

3 別のフライパンにサラダ油大さじ1/2、豚肉を入れて炒める。肉の色が変わったら、スナップえんどう、たけのこを加える。スナップえんどうがしんなりしたら、ねぎ、**2**、**A**を加えて炒め合わせる。

4 バターを加えてサッと炒めて、器に盛る。

香り高くコクのある、
"中華風やきそば"に仕上げた

もやしあんかけ かた焼きそば

レシピ考案・SHIORIさん

材料（2人分）

中華麺（焼きそば用）… 2玉

水 … 50㎖

ごま油 … 大さじ1・1/2

豚ひき肉 … 100g

塩 … 1つまみ

もやし（ひげ根を取る）… 200〜250g（1袋）

A
| 水 … 250㎖
| チキンスープのもと（顆粒）… 小さじ1
| オイスターソース、しょうゆ … 各小さじ2
| かたくり粉 … 大さじ1・1/2

酢、からし … お好みで

作り方

1 中華麺をフライパンに入れて水を注ぎ、ふたをして中火で2分間蒸す。Aを合わせておく。

2 麺をほぐして薄く広げる。ごま油大さじ1をフライパンのふちにまわし入れ、強めの中火で3分間焼く。

3 上下を返して、ごま油大さじ1/2を入れて、3分間焼き、取り出す。

4 豚ひき肉をフライパンに入れ、中火で焼き付ける。軽く焼き色がついたら、もやしを加えて炒め合わせ、塩をふる。

5 よく混ぜたAを加え、混ぜながら煮てとろみをつけ、1分間煮立てる。

6 3の麺を器に盛り、5をかける。酢、からしを添える。

カリッと仕上げた麺とトロッとさせたあんの絶品コラボ

ガパオ風冷製あえ麺

レシピ考案・みないきぬこさん

材料（2人分）

卵 … 2個

サラダ油 … 大さじ1

ゆでたけのこ（細切り）… 60g

ピーマン、赤ピーマン（細切り）… 各1個

鶏ひき肉 … 200g

A
| ナンプラー、オイスターソース … 各大さじ1
| ごま油、サラダ油 … 各大さじ1
| 砂糖 … 小さじ1
| にんにく、こしょう … 各少々

中華麺 … 2玉

バジル … 5〜6枚

パクチー、ライム … お好みで

作り方

1 フライパンにサラダ油を入れ、中火で加熱する。卵を割り入れ、ふたをして白身が固まるまで焼く。

2 鍋に湯（分量外）を沸かし、たけのこ、ピーマン、赤ピーマン、鶏ひき肉入れ、30秒間ゆでる。ざるにあげて粗熱をとる。

3 中華麺を表示どおりにゆでて、流水でもみ洗いし、氷水につける。

4 ボウルにAを入れて、**2**、**3**の中華麺を入れて全体をサッと混ぜる。

5 器に盛り、**1**の目玉焼きをのせる。粗びきこしょう少々（分量外）を振り、バジル、パクチー、ライムを添える。

辛くないので食べやすく
うまみたっぷりの
タイ風ビーフン

五目あんかけビーフン

レシピ考案・ヤミーさん

材料（2人分）

ビーフン（乾物）… 100g

豚ロース肉（薄切り）… 100g

小松菜（4cm長さに切る）… 100g

にんじん（薄切り）… 30g

マッシュルーム（たて半分に切る）… 4個

玉ねぎ（1cm幅のくし切り）… 1/4個

にんにく（粗みじん切り）… 2かけ分

A｜ しょうゆ、砂糖、片栗粉 … 各小さじ1

サラダ油 … 大さじ1

水 … 3カップ

水溶きかたくり粉 … 大さじ1のかたくり粉を
　　大さじ1の水で溶いたもの

B｜ オイスターソース … 大さじ1
　　しょうゆ、砂糖 … 各小さじ1

黒こしょう … 少々

作り方

1 ボウルに豚肉、Aを入れてもみ込む。

2 フライパンにサラダ油を入れて中火で加熱し、**1**の豚肉を加えて炒める。

3 小松菜の葉以外の野菜すべてを加えて、全体に油がなじむまで炒めたら、Bを加えて、サッと炒め合わせる。

4 水を加えて煮立ったら、ビーフンを入れて弱めの中火で煮る。ビーフンがお好みの硬さに煮えたら、先に器に盛る。

5 フライパンに小松菜の葉を加えて中火で煮立て、水溶きかたくり粉をまわし入れ、とろみがつくまで煮る。

6 あんを麺にかけて、黒こしょうを振る。

モンゴルの焼きうどん ツィヴァン

レシピ考案・荻野恭子さん

材料（2人分）

全粒粉 … 150g

塩 … 小さじ1/4

牛乳 … 100mℓ

サラダ油 … 大さじ2

ラム肉（ジンギスカン用）… 120g

A
- にんにく（薄切り）… 1かけ分
- 塩 … 小さじ1/4
- こしょう … 少々

B
- 玉ねぎ（薄切り）… 1/2個分
- にんじん（細切り）… 1/4本分
- キャベツ（ざく切り）… 2枚分

C
- 水 … 100mℓ
- 塩 … 小さじ3/4

作り方

1 ボウルに全粒粉を入れ、塩を加えて混ぜ合わせる。

2 牛乳を少しずつ加えて混ぜる。牛乳がなじんだら、粉っぽさがなくなるまで30回程度練り、ラップをして30分間おく。

3 まな板に打ち粉（分量外）を振り、**2**の生地にも少し振りかける。生地を平らに潰し、麺棒を使って、たて40㎝、横15㎝、厚さ5mm程度に伸ばす。

4 生地の表面にサラダ油（分量外）を塗り、横半分に切る。

5 油を塗った面を上にして2枚を重ね、半分に折って端から5mm幅に切る。

6 フライパンにサラダ油を熱し、中火でひと口大に切ったラム肉とAをサッと炒める。Bを加えて、全体に油をまとわせるように炒める。

7 **5**、Cを加え、ふたをして弱火で7〜8分間蒸し焼きにする。全体をサッと混ぜ、器に盛る。

全粒粉で作った手打ち麺とたっぷりの野菜で食べごたえ抜群

タイ風焼きそば パッタイ

レシピ考案・シリワン・ピタウェイさん

材料（2人分）

センレック（タイの米粉で作った3〜5mmの乾麺）
　　… 100g

えび … 6匹

もやし … 30g

にら（根もとを15cm残し、3cm長さに切る）… 4本分

厚揚げ（1cm幅の拍子木切り）… 20g

A
| たくあん（みじん切り）… 大さじ1
| 紫玉ねぎ（みじん切り）… 15g
| にんにく（みじん切り）… 1かけ分

B
| 梅干し（塩分6％以下／種を除きみじん切り）
　　… 大さじ1（1個分）
| りんご酢 … 大さじ1・1/2

C
| ナンプラー … 大さじ1・1/2
| 水 … 大さじ2

卵 … 1個

サラダ油 … 大さじ3

D
| もやし（サッとゆでる）… 適量
| ライム（6等分のくし切り）… 2切れ
| 荒くしたピーナッツ（無塩）、
| 赤とうがらし（粗びき）… 各適量

水 … 50㎖

作り方

1 センレックは水（分量外）に30分間以上つけておく。えびは尾を残して殻をむき、背に切り込みを入れ、背ワタがあれば取り除く。

2 フライパンに厚揚げ、サラダ油大さじ1を入れて中火で焼く。表面に焦げ目がついたら、いったん取り出す。

3 **2**で使ったフライパンに**1**の麺を入れて火にかけ、中火で油をからめたら水を加えて炒める。水分がなくなったら取り出す。

4 鍋にきび砂糖大さじ2（分量外）を入れて中火で加熱し、軽く焦がす。B、Cを加え、2分間ほど煮詰める。

5 フライパンにサラダ油大さじ1・1/2を入れて熱し、Aを香りがたつまで炒める。**1**のえびをサッと炒めたら、**3**を戻し入れ、**4**をまわしかける。ほぐしながら、水分がなくなるまで強めの中火で炒める。

6 麺をフライパンの端に寄せ、空いたところにサラダ油大さじ1/2を入れる。卵を割り入れて軽くほぐし、麺をのせ、卵を焼きかためる。

7 空いたスペースで、にら、もやしを入れてサッと炒める。卵が固まったら、麺を返して、もやし、にらを上にのせ、**2**を戻し入れる。全体が混ぜ合わさったら、火を止める。

8 器に盛り、（根もと15cm長さの）にら、Dを添える。

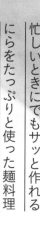

豚ひき肉とにらの焼きうどん

レシピ考案・小林まさみさん

材料（2人分）

豚ひき肉 … 100g

にら（1cm長さに切る）… 100g（1把）

サラダ油 … 大さじ1/2

塩、こしょう … 各少々

ゆでうどん … 400g（2玉）

水 … 大さじ1〜2

しょうゆ … 大さじ1/3

作り方

1 フライパンにサラダ油を入れて、強めの中火で加熱する。豚ひき肉を入れ、ほぐしながら炒めて、塩、こしょうを加える。

2 うどんを加え、水、しょうゆを入れて、ほぐしながら炒める。全体がなじんだら火を止める。

3 にらを加えて全体を混ぜ合わせ、余熱でにらに火をとおす。

ポタージュ風 かぼちゃのほうとう

レシピ考案・みないきぬこさん

材料（2人分）

ほうとう（生）… 200g

だし … 800㎖

かぼちゃ … 350g（1/4個）

A
| みそ … 大さじ1・1/2
| みりん … 小さじ1〜2

バター … 10g

しょうが（みじん切り）… 小さじ1

豚ひき肉 … 120g

白菜（1cm幅に切る）… 200g（2〜3枚）

B
| 酒 … 大さじ1
| オイスターソース … 小さじ2
| しょうゆ、酢 … 各小さじ1

ゆずの皮 … お好みで

作り方

1 鍋にだしを入れて中火で加熱し、ほうとうをほぐしながら入れる。沸いたら弱火にし、ふたをずらしてのせ、10分間煮る。

2 かぼちゃは種を取り除いて耐熱皿にのせ、ふんわりラップをして電子レンジ（600W）に約6分間かける。粗熱を取り、皮をむいて潰す。

3 1の鍋にかぼちゃを入れ、Aを加え、5分間煮る。

4 フライパンを中火で加熱する。バター、しょうがを入れ、香りが立ったら火を強めて、豚ひき肉を入れて炒める。

5 白菜の軸を入れ、少し透きとおってきたら葉を入れてしんなりするまで炒め、Bを加える。

6 3を器に盛り、4の具材をのせ、ゆずの皮を散らす。

山梨県の煮込みうどん
「ほうとう」を
ポタージュ風にアレンジ

91

しらすレモンそうめん

レシピ考案・井澤由美子さん

レモンを使ったソースでいただくさわやかな味わいのそうめん

材料（2人分）

そうめん … 200g（4束）

レモン … 2個（レモン汁大さじ5）

A
| はちみつ … 大さじ1・1/2
| 塩こうじ … 大さじ3
| オリーブ油 … 大さじ2
| 黒こしょう（あらびき）… 少々

新じゃがいも（皮つきの細切り）… 150g（1個）

しょうが（細切り）… 15g（1かけ）

揚げ油 … 適量

おかひじき、釜揚げしらす … 各50g

レモン（輪切り）… 2切れ

作り方

1 レモン2個を電子レンジ（600W）に50秒間かける。半分に切ってしぼって作ったレモン汁にAを加えてよく混ぜ、乳化させる。
※レモンを電子レンジにかける時間は、1個につき約25秒が目安です。

2 じゃがいも、しょうがを水にさらし、水けをしっかりきる。

3 **2**をフライパンに入れ、じゃがいもがかぶらない程度に揚げ油を入れる。中火で熱し、じゃがいもが色づいてきたらサックリ混ぜて、7分間、薄いきつね色になるまで揚げ焼きにする。油を切って冷ます。

4 鍋に湯（分量外）を沸かし、そうめんを表記どおりにゆでる。残り30秒間になったら、おかひじきを加えてサッとゆでる。

5 ざるにあげて湯を切り、氷水（分量外）に入れる。おかひじきだけを取り出して3等分に切る。

6 そうめんの水を切り、器に盛る。おかひじき、釜揚げしらす、レモンの輪切りをのせ、**1**、**3**を添える。

冷やしごまみそうどん

レシピ考案・麻生怜菜さん

材料（2人分）

うどん … 2玉

A	しょうが（みじん切り）… 5g
	ねぎ（みじん切り）… 50g
	まいたけ（みじん切り）… 100g
	くるみ（みじん切り）… 30g

ごま油 … 大さじ1

B	みそ、しいたけ昆布だし … 各大さじ2
	酒、みりん、練りごま … 各大さじ1
	豆板醤 … 小さじ1

C	練りごま … 大さじ3
	めんつゆ（3倍濃縮）… 大さじ2
	しいたけ昆布だし、無調整豆乳 … 各150ml

トマト（角切り）… 1個

きゅうり（角切り）… 1/2本

貝割れ菜 … お好みで

作り方

1 フライパンにごま油を入れ、中火で加熱する。Aを入れて1～2分間炒める。

2 しんなりしてきたらBを加えて、しっとり全体がまとまるまで炒める。

3 ボウルにCを入れて混ぜ合わせる。

4 鍋に湯（分量外）を沸かし、うどんをゆでて氷水（分量外）でしめる。水けをきって皿に盛る。

5 3をまわし入れ、2、トマト、きゅうり、貝割れ菜をのせる。

- -

しいたけ昆布だしの作り方（作りやすい分量）

水1ℓに干ししいたけ20g、昆布20gを入れ、常温で3時間おく。

※冷蔵庫で約3日間保存可能。

料理家インデックス

※敬称略

SHIORI ……………………………… 85

重信初江 …………………………… 32

しらいのりこ ……………………… 31、77

シリワン・ピタウェイ …………… 89

角田真秀 …………………………… 37、53

瀬尾幸子 …………………………… 38、69、78

た

髙城順子 …………………………… 52

田口成子 …………………………… 19

舘野鏡子 …………………………… 36、64、71

堤 人美 …………………………… 29、45、75

な

夏梅美智子 ………………………… 21、81

は

パン・ウェイ ……………………… 24、35

ファン・インソン ………………… 20、79

藤井 恵 …………………………… 58、61

藤野嘉子 …………………………… 25、42

ほりえさわこ ……………………… 14

本田明子 …………………………… 13、22

本田ようー ………………………… 51

あ

麻生怜菜 …………………………… 93

井澤由美子 ………………………… 10、92

石原洋子 …………………………… 26、27

市瀬悦子 …………………………… 11、12、28、30

今井 亮 …………………………… 50、57、84

今泉久美 …………………………… 20、81

上田淳子 …………………………… 70

牛尾理恵 …………………………… 82

エダジュン ………………………… 21、34、49

荻野恭子 …………………………… 72、74、88

小田真規子 ………………………… 47

か

杵島直美 …………………………… 78

コウケンテツ ……………………… 68、83

河野雅子 …………………………… 46

小林まさみ ………………………… 54、90

近藤幸子 …………………………… 23、40、65

コン・チュリョン ………………… 56

さ

斉藤辰夫 …………………………… 60

坂田阿希子 ………………………… 30

ま

Mako ………………………………… 16、79

松村眞由子 ……………………………… 41、42

満留邦子 …………………………………… 66

緑川鮎香 ………………………………… 18、63

みないきぬこ …………………………… 86、91

や

山本麗子 …………………………………… 62

山脇りこ ………………………… 15、48、76、80

ヤミー …………………………………… 44、87

吉田 愛 …………………………………… 55

わ

渡辺あきこ ……………………………… 39、73

ワタナベマキ ……………………………… 33

STAFF

企画協力　NHK「あさイチ」制作班

制作協力　NHKエデュケーショナル

撮影　有賀 傑

料理再現・スタイリング　新田亜素美

デザイン　菅谷真理子（マルサンカク）

校閲　鷗来堂

DTP　天龍社

編集　鶴町かおり

NHKあさイチ

「あさイチ」の
フライパンおかずと
麺とごはん

著　者　NHK「あさイチ」制作班

編集人　栃丸秀俊

発行人　倉次辰男

発行所　株式会社主婦と生活社

　　　　〒104-8357　東京都中央区京橋3-5-7

　　　　編集部　03-5579-9611

　　　　販売部　03-3563-5121

　　　　生産部　03-3563-5125

　　　　https://www.shufu.co.jp

製版所　東京カラーフォト・プロセス株式会社

印刷所　大日本印刷株式会社

製本所　共同製本株式会社

ISBN978-4-391-16085-7